Christian Hennecke / Birgit Stollhoff

Seht, ich schaffe Neues –
schon sprosst es auf

Lokale Kirchenentwicklung gestalten

Christian Hennecke
Birgit Stollhoff

Seht, ich schaffe Neues – schon sprosst es auf

Lokale Kirchenentwicklung gestalten

bernward. MEDIEN

echter

Weitere Informationen zu Kleinen Christlichen
Gemeinschaften finden Sie auch im Internet unter
‹www.KCG-net.de›

Bibliografische Information der Deutschen Nationalbibliothek

Die Deutsche Nationalbibliothek verzeichnet diese Publikation
in der Deutschen Nationalbibliografie; detaillierte bibliografische Daten
sind im Internet über ‹http://dnb.d-nb.de› abrufbar.

1. Auflage 2014
© 2014 Echter Verlag GmbH, Würzburg
www.echter-verlag.de
Umschlag: Peter Hellmund (Foto shutterstock)
Satz: Hain-Team (www.hain-team.de)
Druck und Bindung: CPI – Clausen & Bosse, Leck
ISBN
978-3-429-03761-1 (Print)
978-3-429-04784-9 (PDF)
978-3-429-06199-9 (ePub)

Inhaltsverzeichnis

Vorwort:
Lokale Kirchenentwicklung?

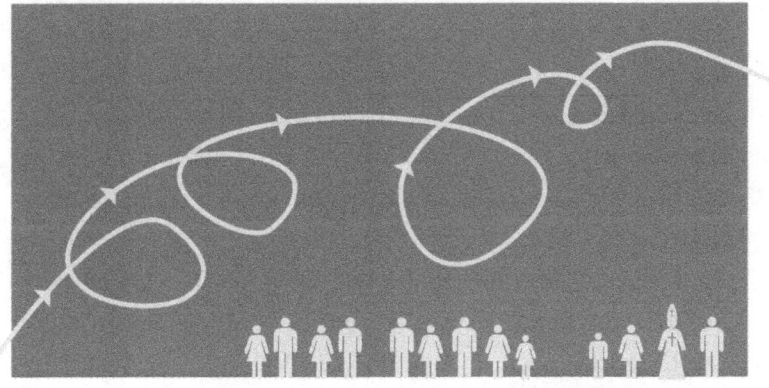

Ein geistlicher Prozess

Unkompliziert, nah bei den Menschen, offen für neue Ideen – so ist mein erster Eindruck als Süddeutsche im Diaspora-Bistum Hildesheim.

Der Begriff „Entwicklungen" ist hier wichtig, Weltkirche, Ökumene und Mission sind auch zentrale Worte, die im Zusammenhang mit Kirche immer wieder fallen.

Ich lerne den Leiter des Fachbereiches Missionarische Seelsorge, Dr. Christian Hennecke, kennen und wir beginnen ein gemeinsames Filmprojekt – eine Dokumentation über „Aufbrüche in der Kirche". Ich nehme am Kongress Kirche[2] teil und vernetze mich auch über die Sozialen Medien im Bistum – immer noch beeindruckt von der Leichtigkeit, mit der dies alles möglich ist.

Im Laufe der Zeit höre ich den Begriff „lokale Kirchenentwicklung" immer wieder. Es ist der zentrale Schlüsselbegriff hinter allen Entwicklungen im Bistum Hildesheim. Aber noch kann ich ihn nicht einordnen. Ist lokale Kirchenentwicklung nur ein Pastoralkonzept unter mehreren? Es wird viel von Gaben und Taufwürde geredet – wie passt das in den Ansatz? Was bedeutet „lokale Kirchenentwicklung" im weltweiten Kontext? Ich frage viel und erhalte viele Antworten zu einzelnen Aspekten.

Ich habe Dr. Christian Hennecke gebeten, mir doch „lokale Kirchenentwicklung" einmal umfassend zu erklären. Aus dieser Bitte kamen wir auf die Idee, ein Buch zu verfassen, das lokale Kirchenentwicklung systematisch und gleichzeitig leicht verständlich erklärt.

1. Kapitel:
Lokale Kirchenentwicklung – eine Vision?

Das Evangelium allen bezeugen

Herr Dr. Hennecke, was ist lokale Kirchenentwicklung?

Ich glaube, dass lokale Kirchenentwicklung zuerst und vor allem eine neue Art und Weise des Wahrnehmens ist, eine Art und Weise, neu zu verstehen, was Kirche eigentlich ist und wie sie sich entwickelt.

Ich möchte das deutlich machen an einem biblischen Wort, das den Auftakt zur lokalen Kirchenentwicklung in unserem Bistum begleitet hat. In diesem Wort spricht Gott durch den Propheten Jesaja zu seinem Volk und sagt:

„Schaut nicht mehr auf das, was vergangen ist. Denkt nicht mehr an das, was längst vorüber ist. Seht, ich schaffe Neues, schon sprosst es auf. Merkt ihr es nicht?"

Hier wird sehr sichtbar, was die Grundhaltung lokaler Kirchenentwicklung ist:

„Schaut nicht mehr auf das, was längst vergangen ist ..."

Wir beurteilen kirchliche Entwicklung in der Regel oft auf dem Hintergrund, wie es früher war und wie es heute nicht mehr ist. Also: „Es gehen nicht mehr so viele Menschen zur Kirche. Wir haben nicht mehr so viele Priester. Wir haben manchmal nicht mehr so viel Geld und so weiter. Es ist alles anders, als es früher war." Und das bewerten wir tendenziell negativ und lange Zeit haben wir die Entwicklung der Kirche in unserem Land eher unter dem Stichwort des Niedergangs gesehen. Das Wort des Jesaja lädt ein, anders auf die Wirklichkeit zu schauen, und zwar mit den Augen des Glaubens, ja man könnte fast sagen: mit den Augen eines Menschen, der daran glaubt, dass Gott heute, in dieser Zeit – wie zu allen Zeiten – agiert und handelt und dass es darum geht zu entdecken, was er heute tut, wie er heute in der Menschheit gegenwärtig ist und wie er heute sein Volk sammelt.

„Seht, ich schaffe Neues, schon sprosst es auf."

Und das verweist uns auf unsere Gegenwart: „Merkt ihr es nicht", fragt der Prophet, „was sich in diesem Umbruch ereignet? Was schon geschieht? Es entsteht Neues, auch ohne dass wir etwas Großes getan hätten. Es ist schon eine Entwicklung im Gange. Die erste Frage lokaler Kirchenentwicklung heißt: Schauen wir doch mal hin, was hier tatsächlich passiert, was in unserer Gesellschaft geschieht, aber auch was sich in unserer Kirche an Verwandlung schon ereignet hat und was an neuen Aufbrüchen vorhanden ist."

Und was sehe ich, wenn ich auf eine Gemeinde schaue, die die lokale Kirchenentwicklung umgesetzt hat? Was ist das „Zielbild"?
Lokale Kirchenentwicklung umsetzen – das ist nicht ein Fingerschnips und auch nicht eine einfache Umsetzung von Vorgaben. Es geht doch um viel mehr. Es ist ein Wandlungsprozess und braucht deswegen einen langen Weg. Aber wohin führt der? Das ist ja die Frage. Eine Pfarrei, die sich auf einen solchen Prozess lokaler Kirchenentwicklung eingelassen hat, wird einen fundamentalen Blickwechsel vollzogen haben: Die Christen vor Ort werden einen neuen Blick auf die Welt und ihre Zeitgenossen werfen. Sie werden ihren Blick abgewandt haben von den klassischen Strukturfragen und für sich selbst neu verstehen, dass sie Kirche sind. Konkret heißt das dann: Lokale Kirchenentwicklung beginnt mit einem neuen Blick auf die „Freude und Hoffnung, Trauer und Angst der Menschen, besonders der Armen jedweder Art" (Gaudium et spes 1), also ganz konkret und vor Ort mit der Frage, wer die Menschen sind, mit denen wir leben, was sie bewegt, was ihre Not ist und wie wir Christen uns einbringen können. Aus der konkreten Sendung wächst Gemeinschaft, sicherlich in ganz verschiedenen Formen und Weisen – Gemeinschaft, die aus dem Evangelium lebt und sich in Christi Gegenwart weiß und aus dieser Gegenwart schöpft. So entsteht dann wirklich so etwas wie ein Netzwerk vieler unterschiedlicher kirchlicher Orte, vieler unterschiedlicher kirchlicher Entwicklungen, wo wir das Evangelium verkünden. Die Menschen, die zur Kirche an diesem Ort gehören, verstehen sich als Protagonisten dieser Entwicklung. Die Gemeinde wird auch daran

erkennbar sein, dass ihre Mitglieder das Selbstbewusstsein haben, dass sie als Getaufte und Gefirmte, als Gemeinschaft der Gläubigen am Ort, alle Gaben in sich tragen, um die Sendung der Kirche zu leben. Die Gemeindemitglieder werden sich ihrer eigenen Würde bewusst sein, ihrer eigenen Gaben, ihrer eigenen Verantwortung, und zwar nicht im Sinne von „Du musst jetzt endlich mal die Ärmel hochkrempeln!", sondern aus der Haltung: „Wir trauen uns zu, dass wir Kirche sind hier am Ort." Das führt zu einem neuen Verständnis des priesterlichen Dienstes und auch des Dienstes der kirchlichen Berufe. Sie machen dieses tiefe geistliche Verstehen von Sendung und Gemeinschaft möglich: immer wieder neu an die Zielperspektive des Reiches Gottes inspirierend zu erinnern, immer wieder neu durch die Feier der Sakramente zu ermöglichen, dass die Christen „genährt" werden – und angesichts der wachsenden Vielfalt jenen Dienst der Einheit zu tun, der entdecken lässt, dass die Kirche vor Ort eingewoben ist in die Orts- und Weltkirche.

Lokale Kirchenentwicklung ist im Ergebnis nicht nur eine Verwaltungs- oder Strukturentwicklung. Sie ist auch keine Mangelverwaltung, sondern eine genuine Entfaltung dessen, was aus der Kraft des Evangeliums an Potentialen an diesem Ort da ist. Kirche ist dann nicht mehr irgendeine Institution, irgendeine Struktur, sondern ist das Leben, das wir miteinander teilen, in deren Mitte Christus lebt, der uns die Wege zeigt – und die natürlich eine angemessene strukturelle Gestalt braucht.

Stellen wir uns einmal vor, es ist das Jahr 2030 und die lokale Kirchenentwicklung ist überall umgesetzt. Wie sieht das Bistum Hildesheim aus?

2030 werden wir, wie es aussieht, sehr wenig Priester haben und eine begrenzte Anzahl von Hauptberuflichen. Die Pfarreien werden recht groß sein, aber innerhalb dieser Pfarreien wird es an sehr unterschiedlichen Orten zur Bildung von sehr unterschiedlichen Gemeinschaftsformen und Gemeindestrukturen kommen. Neben bewährten Gemeinden werden neue Gemeindeformen entstanden sein. Wir werden eine ganze Reihe von institutionellen Orten, etwa Einrichtungen der Caritas und Kindergärten, haben, die wesentlich für die Verkündigung des Evangeliums sind. Ich stelle es mir eigentlich sehr vielfältig vor: als ein Netzwerk sehr unterschiedlicher Orte. Das lässt sich ja heute schon entdecken

Wo Menschen sind, die leidenschaftlich mit einer Vision unterwegs sind und die so gemeinsam entdecken, wozu sie heute da sind, da wächst Kirche. Immer, zu allen Zeiten. Ich glaube, dass die Chancen für das Christentum bis zum Jahr 2030 eher wachsen, in dem Maß, in dem wir offen und verwurzelt sind in der Wirklichkeit und indem wir zugleich tiefer verwurzelt sind in Jesus Christus. Da wo diese beiden Akzente, dieses Dienen in der Welt, das „Mit-den-Menschen-Sein" und das „Mit-Christus-Sein", sich ereignen, da, glaube ich, haben wir große Chancen.

Und die heilige katholische Kirche insgesamt wird durch die lokale Kirchenentwicklung ... ?
Die wird mehr sie selbst! Mehr das wandernde Gottesvolk auf dem Weg zum Heil im Wissen um die Gegenwart Gottes. Kirche wird mehr Zeichen und Werkzeug einer Gemeinschaft der Einheit, die sich mit Freude in die Lebensbereiche aller Menschen hineinbegibt und so dient.

2. Kapitel:
Lokale Kirchenentwicklung –
eine Erfolgsgeschichte

Ökumene der Sendung

a) weltweit

Herr Dr. Hennecke, wer hat die lokale Kirchenentwicklung erfunden?

Lokale Kirchenentwicklung ist ein Weg, den die Kirche seit dem Zweiten Vatikanischen Konzil weltweit in unterschiedlicher Weise geht. Erfunden ist deshalb ein schwieriges Wort. Wir haben es hier bei uns im Bistum entdeckt, aber die Wirklichkeit dahinter ist eine, die sich seit etwa 40, 50 Jahren weltweit ereignet. Sie ist entstanden aus einer Herausforderung, die nach dem Konzil immer deutlicher wurde. Papst Paul VI. hat zum Beispiel gesehen, dass die klassische Form der Pastoral in Lateinamerika nicht funktionieren kann. Schon damals gab es in Lateinamerika riesige Pfarreien, und der Papst sagte den Bischöfen: „Die klassische Pastoral, so wie ihr sie macht, so eine zentrale Pfarrpastoral, das kann bei euch nicht funktionieren. Müsst ihr nicht eher darauf schauen, dass die Menschen, die in den Stadtteilen, in den Ortschaften eurer großen Pfarreien sind, lernen, Kirche zu sein aus der Kraft ihrer Berufung und ihrer Taufe?" Diese Entwicklungsmöglichkeit haben die lateinamerikanischen Bischöfe aufgenommen. Sie griffen Impulse von Erneuerungsbewegungen auf und so entstanden die kirchlichen Basisgemeinden. Das war also kein Prozess von unten, sondern ein Prozess, den die Bischöfe initiiert haben, weil ihnen deutlich wurde: Kirche kann immer nur in Beziehungsräumen leben. Kirche kann nicht anonym eine riesige Menge Menschen sein. Natürlich haben wir in Gottesdiensten manchmal tausende von Menschen, aber das alltägliche Leben dieses Kircheseins spielt sich da ab, wo die Menschen leben, in ihren Bezügen, in ihren Beziehungen. Das war einer der Ausgangspunkte.

Ein zweiter Ausgangspunkt zeigte sich zur selben Zeit in Afrika. Schon vor dem Konzil hatte es Versuche etwa im Kongo gegeben, Kirche von einer zentralisierten „Komm-Struktur" zu einer Lebensgestalt in den örtlichen Beziehungsräumen zu transformieren. Mit Erfolg. Die afrikanischen Bischöfe kehrten vom Zweiten Vatikanischen Konzil zurück und sagten: „Das ist ja alles prima, wie die Europäer Pastoral gestalten, aber das werden wir nie so können wie die. Die klassische Missionspfarrei wird nie eine europäische Pfarrei werden. Aber was können wir tun? Wir können örtliche Gemeinden ermöglichen und sie darin fördern, aus dem Wort Gottes zu leben."

Damit griffen beide Episkopate, die lateinamerikanischen und die afrikanischen, Impulse des Zweiten Vatikanischen Konzils auf und entwickelten Schritt für Schritt eine Kultur, die es den Christen ermöglichte, Kirche im Lebensraum und im Beziehungsraum zu gestalten.

Durch viele Missionare, die weltweit agieren, ist das dann ein Prozess geworden, der ganze Bischofskonferenzen in Asien, Afrika und Lateinamerika immer wieder beschäftigt hat. Dieser Prozess der Entwicklung von Pfarreien zu einer Gemeinschaft von Gemeinden, deren Mitglieder aus der Kraft ihrer Taufe leben, ist natürlich ein langwieriger Prozess. Basisgemeinden kann man nicht einfach so einteilen, sondern man muss sie gemeinsam mit den Menschen vor Ort entwickeln, damit sie selbst entdecken können: Wir sind Kirche, wir leben aus der Heiligen Schrift, wir teilen unser Leben aus dem Glauben miteinander in dem Lebensraum, indem wir sind – und wir fragen: „Welches ist unser Dienst, unsere Sendung hier an diesem Ort?"

Beschreiben Sie so eine Basisgemeinde.
Das ist eigentlich immer sehr schlicht und einfach. Nehmen wir mal ein Stadtviertel in einer großen Stadt in den Philippinen. 200, 300 Familien gehören zu diesem Bereich. Und in diesem Bereich wird dann durch Initiative des Pfarrers und des Pastoralrates ein Weg gesucht, wie Kirche im Nahraum entwickelt werden kann.

Da gibt es Menschen, die dann sagen: „Zuerst einmal lasst uns hier in diesem Stadtviertel Gemeinschaft werden. Was verbindet uns? Was bewegt uns? Was sind unsere Herausforderungen? Und wie können wir miteinander wirklich auf den Weg kommen? Wie können wir aus dem Evangelium leben? Und so beginnt ein Prozess, der Kreise zieht. Und dann wächst im Nahraum Kirche: Wir treffen uns und lesen das Evangelium miteinander. Wer kommt, ist herzlich eingeladen. Wir sorgen uns um die Armen, die hier sind und die wir alle kennen. Wir kennen die Sorgen und Nöte der Menschen, die hier sind. Wir übernehmen Aufgaben, zum Beispiel beerdigen wir die Toten. Wir begleiten die Trauerpastoral. Wir besuchen die Kranken. Wir sorgen für die Kinder, die allein gelassen sind ..." Es ist das simple Leben von Menschen, die wissen, dass sie im Glauben zueinandergehören und deswegen ihr Leben aus dem Glauben miteinander gestalten. Natürlich gibt es dann auch eine Verantwortungsstruktur, es gibt zwei, drei Leute, die übernehmen Verantwortung für das Ganze und werden dafür geschult. Das ist überhaupt das A und O einer solchen Entwicklung: Die Leute werden diese Dienste und Aufgaben nur dann übernehmen können, wenn sie begleitet und geschult werden. Und das geschieht in hohem Maße in Pfarreien, die so groß sind, dass sie sagen können: Wir schulen unsere Leute an den Orten selbst und haben Programme und Fortbildungsmodule, in denen wir die Menschen ermutigen und stützen.

Was ich jetzt nicht gehört habe, waren die Worte Pfarrer und Hauptamtliche.
Die sind zentral – ohne die Priester und Hauptberuflichen wird dieser Prozess nicht in Gang kommen. Lokale Kirchenentwicklung – das ist eben keine wilde Basisbewegung, sondern ein gestalteter Prozess, der das ganze Volk Gottes einbezieht. Und es ist ein Prozess, der initiiert werden will. Das ist die Aufgabe derer, die im Dienst des Bistums stehen: Sie inspirieren, sie ermöglichen, sie ermutigen, sie unterstützen. Als Dienst an der Einheit

sind sie damit beauftragt, mit den Christen am jeweiligen Ort jenen Umkehrweg zu einem neuen Verstehen der Kirche zu gehen. Die Pfarrer und die Hauptberuflichen, sofern es Hauptberufliche in anderen Kontinenten in dem Sinne gibt, wie wir sie haben, sind genau dafür da. Ich hab das erlebt in einer Pfarrei auf den Philippinen, einer großen Landpfarrei, mit enormen Entfernungen, die wirklich ein Netzwerk von Gemeinden darstellt. Der Pfarrer und sein Mitarbeiterteam sind die, die den Werdungsprozess örtlicher Gemeinden begleiten, Verantwortliche schulen und Prozesse initiieren. Der Pfarrer selbst kann einmal im Monat vor Ort Eucharistie feiern: „Ich bin hier an diesem Ort, wo die Kirche steht, und feiere viele Gottesdienste. Aber einmal im Monat bin ich an jenem Ort oder in jenem Dorf. Und dann feiern wir dort Eucharistie, und es wird auch eine ganze Reihe andere Dinge gelöst. Alle Fragen und Probleme können wir dann miteinander besprechen, wir können kleine Fortbildungsmodule machen und während der Woche gibt es ein Fortbildungsteam der Pfarrei, das sich von Ort zu Ort bewegt und die jeweiligen Dienste schult und begleitet."

Was hat dann das Bistum Hildesheim mit einem Bistum in Lateinamerika gemeinsam, das lokale Kirchenentwicklung macht, wo unterscheiden sie sich?
In Lateinamerika und Asien wirkt vieles noch sehr stark milieukirchlich, das ist ein sehr großer Unterschied. Die Familien sind alle noch christlich, katholisch sein ist selbstverständlich. So entsteht ein Netzwerk kirchlicher Basisgemeinden, die sich alle ähnlich sind.

Wir sind hier in Deutschland in einem hochtechnisierten und reichen Gebiet einer postchristlichen Ära. Bei uns gibt es an einem Ort viele verschiedene Milieus und unterschiedliche Entwicklungen. Wir haben traditionell viele Bewegungen, Gruppen, Initiativen, die sich einbringen, wir sind Träger von Einrichtungen – all das führt zu sehr differenzierten Formen von

Gemeinde, zu Glaubensgemeinschaften unterschiedlichster Ausprägung. Hier ist es wichtig, für die Menschen auf dem Weg zum Glauben viele neuartige Formen zu finden.

Doch zugleich sind die Grundperspektiven einer kirchlichen Entwicklung auch in Europa gespeist durch Weichenstellungen des Zweiten Vatikanischen Konzils. Das eint uns: Immer mehr rückt in den Blick, dass die Taufe und das gemeinsame Priestertum aller Gläubigen die Kirche sakramental konstituiert. Immer mehr rückt in den Blick, dass wir in einem dynamischen Werdeprozess sind: Kirche ist nicht einfach fertig und muss erhalten werden, sondern wächst immer wieder neu aus der Kraft des Evangeliums, wenn es mit dem Leben zusammenkommt und seine Wirkungsgeschichte entfalten kann. Und nicht zuletzt: Kirche ist Gemeinschaft, Gemeinschaft des Leibes Christi. Vielleicht ist dieses Letztere die größte Herausforderung für uns in Europa. Wie Gemeinschaft gelebt wurde, wie sie heute in anderen Kontinenten gelebt wird, das ist für uns neu zu beschreiben: die kirchenbildende Kraft der Eucharistie zu leben und zu erfahren, dass wir das neu lernen können. Und das zeigt sich vielleicht auch in den neuen Gemeindeformen, die sich schon entwickeln.

Das darf man nicht verwechseln mit der Strukturentwicklung, die wir in den vergangenen Jahrzehnten hatten. Wir haben ja immer mehr Strukturen geschaffen und auch Hauptberuflichkeit eingeführt, um ein bestimmtes uns gewohntes Gefüge des Kircheseins zu erhalten. Das ist eine Zeit lang gelungen – jetzt verändert sich die Situation massiv.

Wenn wir nun weniger Priester haben, möglicherweise auch weniger Geld, können wir weltkirchlich diese Entwicklungen des Zweiten Vatikanischen Konzils tiefer und neu verstehen lernen: Klar, da ist was Wahres dran, dass Beziehungs- und Sozialräume der Ort der Kirchenbildung sind. Klar, wir haben gelernt, dass wir tiefer leben können aus der Schrift. So wie die Eucharistie eine Quelle ist, ist ja auch das Wort Gottes eine Quelle für das Leben der Christen. Klar, wir lernen, dass alle ihre Gaben und Talente haben und dass Dienste und Aufgaben nicht vom Pfarrer verteilt werden, sondern dass sie sich aus den Gaben der Getauften und aus der Gemeinschaft der Getauften heraus entwickeln. Wir verstehen, dass wir uns gegenseitig darin unterstützen, die Aufgabe wahrzunehmen, die wir gut können. Das, was woanders kirchliche Basisgemeinde heißt, zum Beispiel auf den Philippinen oder in Afrika, wird sich in Europa natürlich anders darstellen.

Was uns eint, ist die Frage: Wie und aus welcher Kraft leben wir unser Christsein und wie können wir aus dem Evangelium heraus glaubwürdige Christen werden? Das ist eine gemeinsame Frage, nach deren Beantwortung wir uns alle sehnen.

Die Frage, wie wir Zugehörigkeit und Gemeinschaft leben können und welche Formen das annimmt, unterscheidet sich natürlich deutlich und wird bei uns eine andere Gestalt annehmen als in Südamerika, Südafrika oder Asien.

Aber es wird immer die Frage sein: Wie gibt es Zusammengehörigkeit, Kirchlichkeit, Zusammensein im Glauben? Und das hat unterschiedliche Formen und nimmt unterschiedliche Farben an, aber die Grundelemente, die Grundfragen sind sehr ähnlich.

Ein Beispiel und Vorbild für uns in Hildesheim ist etwa das Erzbistum Poitiers in Frankreich. Dort hat ein Prozess stattgefunden, in dem gesagt wurde: Ja, die Leute vor Ort, die wollen und können Kirche sein, wir ermöglichen ihnen das, wir unterstützen sie mit Fortbildung und Begleitung, aber es muss etwas sein, was aus den Leuten herauswächst, was sie auch wirklich wollen. Dort entstehen auch „communauté locale", örtliche Gemeinden.

Bei der Betonung von „Schau, was vor Ort ist", denke ich an den Apostel Paulus, der in seinen Briefen und mit dem eigenen Leben fordert: „Da, wo du vor Ort missionierst, suche dir ein Handwerk, suche dir einen Beruf." Ist das der Anspruch lokaler Kirchenentwicklung an alle Beteiligten: Da, wo du bist, teile die Wirklichkeit der Menschen?

Genau, eine der wichtigsten Erfahrungen lokaler Kirchenentwicklung, die wir auch im Zusammenhang mit den Anglikanern gelernt haben, ist das folgende Bonmot. Die Anglikaner sagten immer: „Früher haben wir gesagt, die Leute sollen zur Kirche kommen, aber sie sind nicht gekommen. Dann haben wir gesagt, wir gehen zu denen hin und holen sie ab. Das hat auch nicht funktioniert. Und dann sind wir hingegangen, um dort, wo sie sind, mit ihnen zusammenzuleben und mit ihnen zusammen das Evangelium zu entdecken und Kirche zu werden." Das hat neue Formen hervorgebracht, auch sehr dezentrale, sehr unterschiedliche Formen, weil in jedem Lebensraum, in jedem Sozialraum andere Kulturen sind, andere Bedürfnisse und Herausforderungen, und andere Dienste zu tun sind.

b) ökumenisch

Sie haben es schon beschrieben, lokale Kirchenentwicklung ist kein katholisches Phänomen, sondern es ereignet sich auch in der anglikanischen oder evangelischen Kirche. Können Sie das kurz beschreiben?

Es ist ein weltweites Phänomen in allen Konfessionen, und es hat dieselben Grundmerkmale. Lokale Kirchenentwicklung ist sozusagen ein Sammelbegriff für die Erfahrungen, die sich unter dem Impuls des Geistes Gottes an vielen Orten ereignen. Und wir konnten solche Erfahrungen sowohl im evangelischen Bereich als auch in der Kirche von England entdecken.

In der katholischen Kirche hatten Sie ans Konzil angeschlossen. Wo haben in der evangelischen oder anglikanischen Kirche vergleichbare Prozesse angefangen und wie haben sich diese entwickelt; wie heißen sie dort?

Das Konzil ist ein pfingstliches Ereignis in unserer Kirche gewesen und seine Wirkungsgeschichte ist weiterhin pfingstlich. Und wenn das so ist, darf man weiterhin davon ausgehen, dass der Heilige Geist nicht nur Katholiken berührt, sondern eben alle, die offenen Herzens und guten Willens sind. Deswegen ist es kaum erstaunlich, dass in anderen Konfessionen die Logik des Heiligen Geistes ähnlich ist. Man könnte von einem pfingstlichen Zeichen der Zeit sprechen. Bei der anglikanischen Kirche in England ist der Ausgangspunkt das Ende einer bestimmten Kirchengestalt, also eine Notsituation, vielleicht ähnlich wie bei uns, ein Zusammenbrechen, ein langsames Sichauflösen gewohnter Strukturen. Und gleichzeitig entstand da der Mut der Pioniere, sich einzulassen auf das Abenteuer, das Evangelium an den Orten zu leben, wo sie hingeführt wurden. Da entstanden dann Kreativität und Fantasie für neue Formen. Das wurde am Anfang etwas misstrauisch beäugt, dann aber angenommen, weil man merkte: Da wächst was, da entsteht Neues. Die Beteiligten sagten: Das ist wie in einem Wald, einem gesunden Wald – es sind gewachsene Gestalten von Kirche da und gleichzeitig wachsen neue Pflanzen, neue Bäume, neue Entwicklungen, und wir wollen das gemeinsam fördern! Wie ein guter Förster ja nicht einfach die alten Bäume umhackt, sondern nur die, wo es nicht mehr geht, und gleichzeitig sagt: „Es muss Raum und Licht sein für Neues, damit sich der Wald als Ganzes weiterentwickelt und entfaltet." Das haben die Anglikaner „mixed economy of church" genannt. Verschiedene Formen von Kirche ko-existieren miteinander, die gewachsenen Gestalten klassischer Gemeinden und so genannte „fresh expressions of church": neue Ausdrucksformen der Kirche, die durch eine „frische" Verkündigung des Evangeliums entstanden sind.

Wie ist das bei der evangelischen Kirche?
Die evangelische Kirche ist ja genau wie die anglikanische nicht einheitlich. Es gibt viele freie kirchliche Gemeinschaften in der evangelischen Kirchenlandschaft. Aber wir haben die Erfahrung gemacht, dass auch diese Gemeinden ähnliche Konturen und Kulturen zeigen. Die lutherischen Kirchen in Deutschland sind im Moment eher in einer massiven Strukturentwicklung, aber auch hier gilt: Strukturentwicklung soll dazu dienen, dass Kirche vor Ort weiter existiert, auch in sehr unterschiedlichen Formen. Das ist ein ähnliches Modell mit ähnlichen Herausforderungen und ähnlichen Konflikten wie bei uns. Weltweit ist die evangelische Kirche ja sehr stark von örtlichen Gemeinden her geprägt. Wenn diese zu groß werden, dann haben die Mitglieder in den Gemeinden auch wenig Hemmungen zu sagen: „Wir bilden so eine Art örtliche Gemeinden, wir bilden Hauskreise, wir bilden Gemeinschaften vor Ort."

Werden wir mit lokaler Kirchenentwicklung evangelischer?
Ich glaube, wir werden einerseits evangelischer und andererseits katholischer. Evangelischer werden wir, weil diese Gestalt von Kirche sehr den Erfahrungen aus der Anfangszeit der Christen ähnelt, also mehr vom Evangelium her schaut, wie Kirche wächst, und auch das Evangelium mehr zur Basis dessen macht, was Kirche heißt. Dass dies ausdrücklich gelebt wird, kann man in der Tat weltkirchlich beobachten, es geschieht überall. Insofern: Wir werden evangelischer, weil das Evangelium eine stärkere Rolle spielt und weil die Frage der Örtlichkeit nicht zuerst eine Strukturfrage ist, sondern die Lebensfrage der Menschen in diesem Kontext ist. Katholischer werden wir, weil – wie ich bereits beschrieben habe – unsere katholische Kirche in Westeuropa, sozusagen, weltkirchlicher wird: Weltweit leben die meisten Katholiken eher in lokalen kleinen Basisgemeinden als in anonymen Groß-

strukturen. Weltweit ist unsere katholischen Kirche deutlich existenzieller verwurzelt im Leben des Evangeliums und hat ein tieferes Verständnis von der Gemeinschaft in Christus, im Leib Christi. Fast paradox: Weltweit sind weniger Priester unterwegs als bei uns – aber in anderen Kontinenten gibt es ein tieferes eucharistisches Verständnis von Kirche als bei uns.

c) im Bistum Hildesheim

Wie ist die lokale Kirchenentwicklung in das Bistum Hildesheim gekommen? Sie haben gesagt, der Begriff wurde hier entwickelt, aber wie kamen Sie überhaupt darauf, dass das, was in Lateinamerika oder in der anglikanischen Kirche funktioniert, für das Bistum Hildesheim interessant sein könnte?

Wir hatten schon mit Josef Homeyer einen Bischof, der sehr viel weltweit unterwegs war und der von sich selbst sagt: „Das, was ich da gesehen habe in Kirchen, die erheblich weniger Mittel hatten, hat mich fasziniert." Diese Faszination wollte er auch hierherbringen. Woraus resultiert seine Begeisterung über die Entwicklung in anderen Kirchen? Aus der Lebendigkeit der Christen aus der Kraft des Evangeliums!

Wie ist das In-Bewegung-Bringen dann passiert? Und wann sind Sie da dazugestoßen?

Bischof Homeyer hat schon Ende der 80er Jahre in einer Synode versucht, diese Impulse einzubringen. Das hat viele fasziniert, aber auch ratlos gemacht. Man kann eben nicht einfach „pastorale Südfrüchte" importieren: das Bibelteilen, die kleinen Gemeinschaften – richtig verstanden haben wir das auf Anhieb nicht. Vielleicht brauchte es seine Zeit, bis wir merkten: Hier geht es nicht um Rezepte und Modelle, hier geht es um einen Weg des Kircheseins. Es geht auch nicht darum, einfach was

Neues einzuführen, sondern weiterzuentwickeln, was hier gewachsen ist – im Blick auf eine neue Kultur und neue Grundhaltungen.

Vor etwa 12 Jahren, gleichzeitig mit den strukturellen und finanziellen Herausforderungen, die die Kirche von Hildesheim damals gehabt hat, kam dann ein neuer Moment des Interesses an neuen Wegen des Kircheseins. Es war einfach deutlich, dass wir vor einem großen Umbruch stehen. Das Interesse ist stärker geworden zum einen durch die Kontakte, die wir zu weltkirchlichen Partnern hatten. Da verdanken wir auch dem Hilfswerk „Missio" viel, das immer wieder Zeugen dieses Wandlungsprozesses der Kirche durch Deutschland schickt. Aber dann waren wir selber fasziniert davon, was da über die Kirchenentwicklung erzählt wurde und aus welcher Kraft das geschieht. Wir wollten lernen. Und daraufhin haben wir eine ganze Reihe von Lernreisen unternommen. Am Anfang haben wir eher gedacht: „Na ja, das sind halt kleine Gemeinschaften, die sich da treffen, ist ja ganz nett, aber kann das die Erneuerung der Kirche sein?" Erst später haben wir entdeckt: Dahinter steckt mehr, dahinter steckten Prozesse, die Bischöfe, ganze Bischofskonferenzen anstrengen, um das, was gemeinsames Priestertum der Gläubigen ist, zu entfalten. Und das hat uns vollends begeistert: die Intensität, mit der sie das getan haben, die klare Vision, aus der heraus sie lebten, und die Anfänge einer Verwirklichung dieses lokalen Kircheseins an den Orten, wo wir hinkommen konnten. Da haben wir festgestellt: „Das können wir nicht kopieren, aber wir können uns inspirieren lassen: Was heißt das in einer postmodernen Gesellschaft des 21. Jahrhunderts? Wie könnte das für unsere Kirche ein Entwicklungsschritt sein?"

Es hat viel mit Faszination zu tun, eigener innerer und auch theologischer Faszination, weil sich an diesen kleinen Realisationen an den verschiedenen Orten dieser Welt und an den Prozessen, die diese Bistümer und ganze Kontinente angefangen haben, etwas wiederspiegelte von der Verwirklichung des Zweiten Vatikanischen Konzils.

Und wann gab es dann den offiziellen Punkt, wo das Bistum gesagt hat: „Wir machen lokale Kirchenentwicklung und wir übersetzen das, was wir gesehen haben, auf uns?"
Das spielt sich im Zusammenhang mit dem Hirtenwort von Bischof Norbert im Jahr 2011 ab. Damit begann lokale Kirchenentwicklung ein systematischer Prozess des Bistums zu sein. Zuerst brachte der Bischof Merkmale dieser Kultur ins Spiel. Am Ausgangspunkt steht eine Wahrnehmung: „Kirche entwickelt sich lokal, vor Ort. An jedem Ort gibt es ein Charisma des Ortes. Lasst uns genau hinschauen, lasst uns unterscheiden lernen vor Ort: Was ist das, was Gott uns heute hier zeigt?" Der Bischof ermutigt dann die Christen vor Ort, in Prozesse der Unterscheidung zu treten und sich auf den Weg zu machen, die Kirche weiterzuentwickeln.

In seinem Hirtenwort benennt der Bischof fünf Kriterien dieser Kultur:

Es wird eine größere Vielzahl von unterschiedlichen Kirchenformen abhängig vom jeweiligen Ort geben. Diese Kirchenformen werden zweitens sehr stark von der Sendung aller Menschen her, also von ihrem Dienst an und in der Welt, an und mit den Menschen, entwickelt. Es wird drittens eine stärkere Entwicklung der Taufspiritualität geben, bei aller Bedeutsamkeit des Dienstes des Priesters. Diese Bedeutung des priesterlichen Dienstes wird dabei nicht herabgewürdigt, im Gegenteil – der Priester hat immer eine sehr wichtige Funktion, nämlich dieses Dienen am gemeinsamen Priestertum, den sakramentalen Dienst, der unverzichtbar ist. Viertens geht es darum, dass die Gläubigen ihre Charismen, ihre von Gott gegebenen Gaben und Talente, entdecken. Und vielleicht das am tiefsten gehende Kriterium ist die Frage nach dem Prozess selber als einem geistlichen Prozess: Wir glauben daran, dass

Gott auch heute mit uns auf dem Weg ist. Und deswegen können wir voll Vertrauen in die Zukunft schauen, weil sie sich schon zeigt. Lasst uns darauf vertrauen und glauben, dass Gott uns begleitet. Lernen wir auch Vertrauen zueinander, zu Gott und auch im Verhältnis des Gottesvolkes zu seinem Bischof.

Was ist dann passiert?
Wir haben uns zunächst als diejenigen, die für den Bischof und mit dem Bischof an der Pastoral im Bistum arbeiten, zusammengesetzt und sehr intensiv auf allen Ebenen, auch auf der Leitungsebene, darüber nachgedacht: Was heißt das eigentlich genau und ist das der Weg, den wir gehen wollen? Das ist wirklich eine erstaunliche Entwicklung in allen Verantwortungsbereichen. Schritt für Schritt wurde deutlich, dass lokale Kirchenentwicklung eine gemeinsame Perspektive der Bistumsentwicklung ermöglicht. Das zeigte sich in mehreren Klausurtagungen der Verantwortlichen – ohne dass bis zum Letzten klar war und ist, wie das im Einzelnen geht. Der Weg ist für alle, für den Bischof und seine Leitungsorgane wie für jede Gemeinde und auch für die, die den Prozess voranbringen, experimentell. Viele Fragen sind zu klären: Wie lässt sich eine verantwortbare Theologie der lokalen Kirchenentwicklung entfalten? Wie können Einheit und Vielfalt im rechten Verhältnis stehen? Droht ein Auseinanderfallen in viele „Eigenkirchen"? Was ist die Aufgabe, die wir in der Begleitung solcher Prozesse haben? Wie können wir die lokale Wirklichkeit jeweils fördern? Wie können wir die Selbständigkeit der einzelnen Kirchorte fördern und sie doch in der Einheit bewahren? Was für Bildungsprogramme braucht es für die Beteiligten? Was für eine Priesterausbildung wird benötigt? Was für Begleitinstrumente stellen wir zur Verfügung? Wie können wir werbend diesen Weg voranbringen und wie können wir das, was ja schon existiert an Aufbrüchen, würdigen und miteinander vernetzen?

Dazu gibt es jetzt eine Reihe konkreter Versuche. Wir haben gesagt: „Wir müssen Orte schaffen, an denen diese Vielfalt kirchlicher Entwicklung sichtbar wird." Dazu brauchen wir gute Beispiele. Dafür steht etwa die Filmserie „Aufbrüche in der Kirche". Da werden die neuen Entwicklungen dokumentiert und die an der lokalen Kirchenentwicklung Beteiligten können sich wechselseitig inspirieren. Es findet auch eine rege Besuchstätigkeit innerhalb dieser Projekte statt.

Wir werden in den nächsten Jahren jedes Jahr eine Veranstaltung haben – „ICE – Inspiration, Charisma, Evangelium" –, wo wir die Christinnen und Christen dieses Bistums einladen, miteinander diese Perspektive zu vertiefen und sich auszutauschen: „Welche Erfahrung gibt es schon? Woran können wir uns inspirieren? Lernen wir, diese Vision immer tiefer zu inhalieren und uns zu eigen zu machen?"

Ich glaube, dass es weiterhin eine Achtsamkeit für Projekte gibt, die überall da sind und die in dieser Richtung entfaltet, entwickelt und begleitet werden können.

Vielleicht ist einer der wichtigsten Prozesse, die sich parallel dazu ereignen und dazugehören, auch die Frage, wie örtliche Gemeinden vor Ort geleitet werden. Dazu hat unser Bistum einen starken Impuls gesetzt und eine Arbeitsgruppe beauftragt, die diesen Prozess gemeinsamer Verantwortung fördern will im Sinne „Ja, es gibt lokale Leitungsteams, die wollen wir auch entwickeln". Das ist eine gute Perspektive, aber sie setzt voraus, dass eine Gemeinde sich auf den Weg macht, ihr Kirchesein neu zu entdecken. Wir können nicht einfach drei Personen einsetzen und sagen: „Ihr seid jetzt die Leiter", sondern wir wollen einen Weg mit Gemeinden und Gemeinschaften gehen, in denen evident wird: „Ja, wir leben mehr aus dieser Kraft des Geistes, wir wollen Prozesse geistlicher Unterscheidung und wir wollen auch Menschen, die für die nächste Zeit Verantwortung für uns übernehmen." Diese Idee der lokalen Leitungsteams ist maßgeblich vom Diözesanrat mit vorangebracht worden als ein wesentlicher Aspekt des Prozesses.

Wir haben 2012 ein Symposium in Lingen abgehalten zusammen mit anderen norddeutschen Diözesen, wo wir theologisch vertieften, was lokale Kirchenentwicklung bedeutet, aber auch an Praxisbeispielen ansichtig machten, wie das gehen kann. Wir haben den Kongress Kirche² veranstaltet, der in eine ähnliche Richtung zielte.

Wie ist die langfristige Perspektive im Bistum?
Wir alle sind uns darüber im Klaren, dass lokale Kirchenentwicklung kein Projekt ist, das wir irgendwann, etwa im Jahr 2017, abschließen werden. Wir alle wissen, dass es hier nicht um irgendwelche Maßnahmen allein geht, sondern um einen länger dauernden Prozess der Bewusstseinsveränderung, der inneren Umkehr, des neuen Hinschauen-Lernens, um eine Mentalitätsveränderung – biblisch würde man sagen: um Umkehr. Das sind längere Wege, die wir *alle* miteinander gehen, vom Bischof angefangen bis zu den Gläubigen in den Gemeinden. Insgesamt sind wir sehr überrascht, welch große Resonanz dieser Gedanke und dieser Kulturwandel in allen Bereichen unserer Kirche bekommen haben. Da zeigt sich etwas von einer geistlichen Resonanz, einer gemeinsam geteilten Idee. Und zugleich darf man auch sagen: Wir stehen am Anfang – es braucht lange werbende Prozesse, damit die Idee einer lokalen Kirchenentwicklung nicht als von außen kommend und fremd wahrgenommen wird, sondern als etwas, was in den Herzen der Menschen schon lange angefangen hat.

Was ist Ihre persönliche Geschichte mit der lokalen Kirchenentwicklung? Was hat Sie fasziniert? Was hat Sie zu demjenigen werden lassen, der das maßgeblich mit vorantreibt?
Das sind vor allem viele Begegnungen. Ich erinnere mich sehr gut an die Begegnung mit Bischof Lobinger aus Südafrika im

Jahr 2002. Er war von uns eingeladen worden zu einem Studientag zu dem Thema „Kleine christliche Gemeinschaften", weil wir gerne wissen wollten, was das ist. An diesen Studientag erinnere ich mich gerne – er war sehr beeindruckend und sehr interessant. Aber entscheidend war für mich der Abend davor: Lobinger, Bischof von Aliwal, erzählte von der Wirklichkeit seiner Kirche, davon, wie sich dort das Leben der Kirche gestaltet. Da habe ich gedacht: Meine Güte! Das ist total faszinierend! Das lebt aus dem Wort Gottes, das nimmt Partizipation ernst, das nimmt die Menschen ernst, die vor Ort Kirche gestalten. Wie könnte so ein Weg dahin in unserem Bistum sein?

Und diese Faszination hat sich in den Jahren darauf durch viele Begegnungen und Besuche gesteigert. Allerdings hat auch das Wissen darum zugenommen, dass es keine Übertragbarkeit gibt, und es war nach dem zweiten Schritt zu fragen: „Wenn ich das hier sozusagen in den niedersächsischen Grund und Boden mit Hildesheimer Nüchternheit einpflanze, was wächst dann hier?" Und diese vielen Begegnungen in Indien, auf den Philippinen haben mich entdecken lassen: Das sind dieselben Fragen, die die auch haben. Die starten dort auch Prozesse des langwierigen Hinschauens: Wie geht das hier am Ort? Was braucht es? Und dann haben wir gelernt: Diese Prozesse, und sie sind in der Tat als Kulturprozesse zu betrachten, gehorchen alle ähnlichen kulturellen Kriterien: einer christlichen Kultur der Partizipation, der Beteiligung, des gemeinsamen Nachdenkens, der gemeinsamen Vision, die sich dann aber auf den Philippinen so darstellen und in Deutschland anders. So bin ich immer mehr fasziniert und ergriffen worden von dieser Vision und habe versucht, sie voranzubringen.

3. Kapitel:
Lokale Kirchenentwicklung –
ein Umdenken

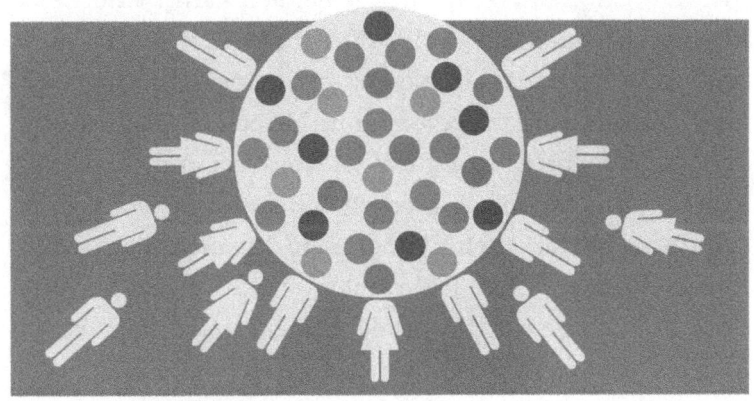

Ein Netzwerk
Die „kopernikanische Wende" der Gemeindetheologie

Herr Dr. Hennecke – ist denn lokale Kirchenentwicklung wirklich ein Aufbruch für die ganze Kirche? Immer mehr Menschen treten aus der Kirche aus, Gottesdienste sind schlecht besucht. Soll und kann lokale Kirchenentwicklung diesen Prozess umkehren?

Ich bin ja kein Prophet, aber ich würde sagen, was wir zurzeit erleben, ist das Ende einer ganz bestimmten Kirchengestalt, die man ganz unterschiedlich benennen kann: eine volkskirchliche Gestalt, eine milieukirchliche Gestalt. Seit mehr als 50 Jahren ereignet sich dieser Prozess: Menschen sind nicht einfach so als Christen geboren und bleiben es. Glauben wird von einer Selbstverständlichkeit zum persönlichen Weg. Glaube ist nicht einfach gegeben, Kirche ist nicht selbstverständlich, sondern steht immer mehr in einem sehr individuellen Werdeprozess, mehr unter dem Stichwort des Werdens als unter dem Stichwort des Habens und Erhaltens. Mit anderen Worten: Natürlich wird es so sein, dass wir es in den kommenden Jahrzehnten immer mehr mit Menschen zu tun haben werden, die erst im Laufe ihres Lebens auf den Weg des Glaubens kommen und damit in sehr unterschiedlichen Biografien, in sehr unterschiedlichen Geschwindigkeiten ihren Weg gehen. Die sich aber in unterschiedlicher Weise, in Nähe und Distanz unserer Kirche zugehörig fühlen. Die Frage, wie wir sie begleiten, ist die entscheidende Frage. Bisher hatten wir gedacht: Wir haben einen Pool von Leuten, die sind einfach da, und mit denen gehen wir und bleiben wir Kirche. Ich glaube nicht, dass wir in Zukunft etwas zurückholen können von dem, was wir mal hatten. Das ist eine Konfiguration, die ihre Zeit hatte und ihre Kraft entfaltete, und sie ist der Grund, weswegen wir heute da sind, wo wir stehen. Es ist etwas durchaus sehr Positives, wenn ein Gefüge endet und etwas Neues kommt. Nach vorne zu schauen heißt dann, nicht dieselben Fragen zu stellen, die man an das alte Gefüge gestellt hat – also: Wie viele Leute gehen noch zur Kirche? (Schon gar nicht so formuliert) –, sondern eher die Frage zu stellen: „Wie finden Menschen Jesus Christus und wie können wir sie begleiten, damit zum Beispiel Eucharistie die Mitte ihres Lebens wird? Wie lange wird das dauern? Was sind das für Wege? Wie sind wir Gemeinschaft, Kirche? Wie können wir die eucharistische Sendung als Kirche leben?" Das ist, glaube ich, etwas, was sich auch auf dem Weg zeigt. Ob das mit mehr oder weniger Menschen geschieht, darüber kann man sehr unterschiedliche Wahrnehmungen haben. Aber ich bin sicher, dass da, wo etwas begeisternd, voller Freude und voller Substanz gelebt wird, sich viele Menschen sammeln werden. Da, wo die Begeisterung ausbleibt, und das ist die Kehrseite, wird das nicht so sein.

Wie war denn unser Bild von Kirche früher?
Ich würde sagen, es geht eher um unterschiedliche Blickrichtungen auf Kirche; die Kirche selber bleibt immer Kirche. Wer vor 50 Jahren Kirche lebte, hat sicher auch die Erfahrung gemacht: „Wir leben miteinander aus der Gegenwart des Herrn und wir gehen miteinander", aber der generelle Blick war eher: „Kirchesein ist was Selbstverständliches, in dem ich mich wiederfinde, ob ich will oder nicht", also so eine Art Milieu-Christentum. Die Gesellschaft war ein irgendwie geartetes evangelisches oder katholisches Milieu, wenigstens hier im Westen. Man lebte darin. Auch im schlesischen katholischen Milieu – um ein Beispiel zu nennen – lebte man, man versuchte auch untereinander zu heiraten, versuchte miteinander Christsein zu gestalten. Das war eine gelungene Form von Kirche, die es heute auch aufgrund von gesellschaftlichen Veränderungen nicht mehr gibt.

Wie würden Sie das heutige Kirchenbild beschreiben?
Ich würde sagen, wir befinden uns zurzeit in einem tiefgreifenden Wandel. Es ist ein Prozess des Loslassens von dem, was uns einmal zutiefst geprägt hat mit all der Logik, die dahintersteckt –

etwa, dass es leicht sei, Menschen als Christen zu gewinnen, indem man sie schon als Kind entsprechend prägt.

Wir merken, dass das, was Papst Franziskus in in seiner Programmschrifft „Evangelii gaudium" ganz an den Anfang stellt, uns herausfordert: „Christsein und Christwerden wächst aus einer Begegnung mit Jesus Christus." Das lernen wir neu verstehen: „Wie geht eigentlich Christwerden?" Und dann heißt die Antwort: „Das ist ein gnadenhafter Wachstumsprozess, der vielleicht ein ganzes Leben dauert." Und das Kirchesein ist nicht Zugehörigkeit zu einer Struktur, sondern das, was diese Struktur ermöglicht, nämlich das Leben der Christen, der Menschen miteinander an dem Ort, an dem sie sind, das Gestalten und Leben aus dem Evangelium heraus.

Das heißt, Kirche wird in Zukunft weniger von Institutionen, Gruppen, Gemeinden gedacht, sondern stärker von den Menschen.
Genau, und wenn diese Menschen Gruppen bilden wollen, werden sie es tun. Und wenn sie sagen: „Ich bin leidenschaftlich Kolpinger und ich möchte Kolping leben", dann werden sie es tun, und dann wird es weiterhin eine starke Kolping-Erfahrung in unserem Bistum geben. Und wenn sie sagen: „Wir wollen uns sozial engagieren", dann wird es so sein. Ich würde sagen: Kirche lebt in Zukunft noch stärker als je aus der Leidenschaft der von Christus Begeisterten oder der von der Botschaft Christi Begeisterten. Ob alle, die dabei sind, schon getauft sind und wie sie schon ihren Glaubensweg gegangen sind, wird unterschiedlich sein. Aber ich würde nicht sagen, solche Formen von Gruppen und Verbänden und Bewegungen sterben aus und es kommt etwas anderes, sondern ich würde sagen, es hängt ganz wesentlich von der Leidenschaft der Menschen ab und von dem, wie sie innerlich spüren, was ihr Weg in dieser Gemeinschaft von Gläubigen ist.

Aber das haben wir doch jetzt schon. Wir haben jetzt schon Pfar-
reien, die unterschiedliches Engagement haben, wir haben verschie-
dene Pfarreistandorte, der eine ländlich und traditionell, der andere
modern – was ist da jetzt anders durch lokale Kirchenentwicklung?
Eine der Pointen lokaler Kirchenentwicklung ist ja nicht, dass
wir sagen: „Wir machen jetzt was völlig Neues", sondern wir ermutigen die Menschen, die an diesen Orten sind, das gezielt weiterzuentwickeln, was ihre Stärken und ihre Ressourcen sind, was
ihre Sendung ist. Wir sagen nicht – dieser Eindruck entstand
gelegentlich –, wir sind auf dem Weg einer Zentralisierung. Nein,
wir sind auf dem Weg einer Diversifizierung und Entfaltung eurer Gaben, Charismen, Dienste, Aufgaben und Sendungen.

Ich habe mir das einmal vorgestellt für die Pfarrei St. Heinrich in der Innenstadt von Hannover: Wenn man nur einen kur-
zen Blick drauf wirft, würde man sagen: In St. Heinrich sind
jetzt schon mindestens sieben bis zehn Gemeinden sehr unterschiedlicher Prägung: Da feiern Menschen auf tridentinische
Art Gottesdienst, da gibt es Leute, die sich der Studentenge-
meinde zugehörig fühlen. Da sind Gemeinden mit Menschen
aus anderen Ländern, Spanier und Portugiesen feiern, glaube
ich, auch Messen in St. Clemens. Dann gibt es ein Jugendzent-
rum, das ist auch eine Gemeinde. Da ist Ihre Gemeinschaft der
Mary-Ward-Schwestern, die Congregatio Jesu, die ebenfalls eine
Art von Gemeinde abbildet. Und es gibt einige Basisgemeinden
althergebrachter Prägung der 60er, 70er Jahre. Das heißt, es ist
schon jetzt eine unglaubliche Vielfalt an Zugängen da. Sie gemeinsam zu würdigen und zu sagen: Wir hier, zusammen mit
den lokalen Gemeinden von St. Heinrich, St. Clemens und St.
Elisabeth, wir sind eine Pfarrei, in der gibt es viele unterschiedliche Orte. Die karitativen Orte habe ich jetzt gar nicht genannt,
aber da gibt es ja auch eine ganze Reihe – die Kindergärten, die
Ursula-Schule und viele mehr –, auch sie sind wesentlich für
dieses Netzwerk des Kirchesein. Sie können sehen, schon jetzt
ergibt sich da eine Vielfalt, die wahrscheinlich gar nicht allen so

bewusst ist. Diese Vielfalt wahrzunehmen und die Herausforderungen, die sich hier ergeben, anzunehmen, das ist ein erster Schritt lokaler Entwicklung. Und danach wäre zu fragen: Wie können wir hier gemeinsam Kirche sein, wie können wir uns als Kirche weiterentwickeln – und zwar nicht in erster Linie als Institution, sondern es geht darum, mit den vielen Christen zusammen auf dem Weg zu sein. Und dies feiern wir zutiefst in der Eucharistie. Sie ist der Grund dieser Einheit

Momentan wird das Modell, zumindest was etwa die tridentinische Messgemeinschaft betrifft, eher als Konkurrenz wahrgenommen. Sie sagen, es ist keine Konkurrenz. Was ist es aber? Ein Nebeneinander?
Ein Miteinander. Den Begriff der Konkurrenz im Zusammenhang mit kirchlichen Wirklichkeiten finde ich dagegen eher merkwürdig. Wenn wir alle gemeinsam Kirche sind, ist doch nur entscheidend, ob der Einzelne oder die Einzelne ihren Weg, ihren Zugang zum Evangelium und zur kirchlichen Gemeinschaft findet. Wo sie den dann findet, hängt auch mit der Person und mit ihren Beziehungen zusammen. Ich würde sagen, es gibt keine Konkurrenz, sondern es gibt gerade da eine Komplementarität, eine Ergänzung des einen durch den anderen, einen Reichtum der Vielfalt.

Würde die Gruppe, die konservativ ist oder die tridentinischen Messformen schätzt, das auch so sehen? Gerade die Diskussion um Messformen wird in Deutschland derzeit eher dazu benutzt, sich gegenseitig das Kirchesein abzusprechen.
Also die, die da bei uns in St. Clemens die tridentinische Liturgie feiern, sehen das deswegen so, weil sie zu einer Gemeinschaft gehören, die von der katholischen Kirche anerkannt ist. Insofern: Katholisch sein ist offensichtlich weiter als mancher Horizont, den wir haben. Ob ich die tridentinische Messform selber gut finde? Das ist nicht so entscheidend. Entscheidend ist, ob wir uns zum

selben Christus und zur selben Wirklichkeit seines Leibes bekennen. Ich glaube, zur Katholizität gehört wesentlich, und das haben Sie gerade angesprochen, dass ich sagen kann: „Auch die anderen sind Kirche."

Das heißt, ein weiteres Kennzeichen von lokaler Kirchenentwicklung ist: Man nimmt Abschied von diesen abgrenzenden Bewertungen und sagt: „Alles hat seinen Platz"?
Nein, nicht alles hat seinen Platz. Es gibt ein paar Voraussetzungen: „Ich möchte zur Kirche gehören" gehört im Wesentlichen dazu. Und wenn ich zur Kirche gehören möchte, aber die anderen ausschließe, gehöre ich auch nicht dazu.

Es gibt so etwas wie eine wechselseitige Anerkennung der Vielfalt. Eine Vielfalt, über die nicht ich privat entscheide, sondern die unsere Kirche als Ganzes kennzeichnet. Wir sind ein unglaublich vielfältiges Gefüge. Es entspricht unserem Reichtum als katholische Kirche, wenn ich es unterlasse zu sagen: „Du glaubst nicht." Eine der entscheidenden Fragen von Kirchenentwicklung heißt auch: „Glauben wir einander unseren Glauben? Und akzeptieren wir, dass es unterschiedliche Formen gibt?" Das war in manchen Gemeinden in der Vergangenheit schwierig. Wenn jemand nicht so war wie die meisten, war das schwierig für den; es gibt auch Gemeinschaften, die relativ schnell herausgedrängt wurden. Die fanden „wir" nicht gut, weil sie nicht „unserem" Stil des Katholischseins entsprachen. Aber wir lernen gerade durch weltkirchliche Erfahrungen: Kirche ist weiter. Da stellen sich natürlich einige Fragen. Eine der wichtigsten Fragen ist: Katholizität kann ich nicht einfach nur für mich behaupten, sondern die will auch gezeigt werden. Und sie zeigt sich gerade darin, dass ich den anderen ihren Glauben glaube und dass wir gemeinsam Eucharistie feiern können; dassas ich mich nicht separiere und sage: „Mit dir würde ich nie!"

Darin liegt auch eine entscheidende Aufgabe des Amtes in der Kirche, das dadurch sehr anspruchsvoll wird: der Dienst an der

Einheit. Das heißt nicht Dienst an der Vereinheitlichung, sondern an der Vielfalt, das heißt einem Schutz der Vielfalt und Zusammenbringen der Vielfalt in dem einen Christus. Und dies feiern wir zutiefst in der Eucharistie. Sie ist der Grund dieser Einheit.

Und lokale Kirchenentwicklung kann auch ganz unterschiedliche Frömmigkeitsstile und Strömungen integrieren?
Inkludieren. Ich spreche da lieber von Inklusion. Das heißt: Jeder in der Art, wie er ist, gehört zu dem Ganzen. Das setzt natürlich voraus, dass wir zu dem Ganzen gehören wollen. Wenn ich nicht dazugehören *will*, dann trenne ich mich ohnehin von der Gemeinschaft. Die ganze Gemeinschaft ist eine Gemeinschaft in Christus, die aber sehr unterschiedliche Ausprägungen hat. Nicht nur in den einzelnen Persönlichkeiten, sondern auch in den Traditionen und Stilen. Ich habe keine Sorge, dass Menschen ganz spezifische Formen der Marienfrömmigkeit leben, solange diese Marienfrömmigkeit eingebunden ist in das Ganze unserer Kirche. Deswegen freue ich mich über Menschen, die etwa durch das Rosenkranzgebet einen Zugang zum Evangelium finden. Das geschieht nämlich und das leben sie intensiv auch für die anderen, indem sie zum Beispiel für Kommunionkinder beten. Und wenn Leute, die heute im postmodernen Setting andere Musik und andere Kommunikationsstile haben und in die Kirche einbringen, kann das auch eine Form und ein Ausdruck des Lebens aus dem Evangelium sein. Das als häufig spannenden, aber auch spannungsvollen Reichtum zu entdecken, ist wichtig. Wichtig ist auch, einander zu helfen, diese Unterschiedlichkeit nicht als Bedrohung zu sehen, sondern als Reflex der vielfältigen Gaben Gottes.

Ich musste gerade an Papst Johannes Paul II. denken, der gesagt hat: „Habt keine Angst!" Meint das auch lokale Kirchenentwicklung?

Ja, Angst ist nie ein guter Ratgeber, für keine Entwicklung, also auch nicht für Kirchenentwicklung. Unser Bistum hat ja durch das Bistumsjubiläum die Rede vom „heiligen Experiment"in den Mittelpunkt gerückt, also von der Möglichkeit neue Wege auszuprobieren.

Und dass man damit scheitert?

Und dass man damit scheitert! Und dass es nicht gut geht. Das macht die Kirche spannungsvoller! Aber ich glaube auch, dass das nichts wirklich Neues ist. Jeder Aufbruch in der Kirche ist auch ein experimenteller Weg. Die Frage ist nur, ob wir uns gemeinsam als Kirche verstehen; und dieses wechselseitige „den Glauben glauben", das wechselseitige Unterstützen in den Wachstumswegen, das gibt die entscheidende Qualität.

Sie haben bisher das Laienengagement sehr betont, sind aber auch in der Priesterausbildung des Bistums tätig gewesen. Schafft die lokale Kirchenentwicklung mit diesem neuen Bild und diesen neuen Ansätzen vor Ort nicht den Priester und die Eucharistie als zentrale Mitte des Pfarreilebens ab?

Ganz und gar nicht! Ganz im Gegenteil! Ich lasse mich auch grundsätzlich nicht auf eine Dialektik, auf ein Gegeneinander von Priestern und Laien ein. Wir sind gemeinsam das Volk Gottes. *In deren Dienst* stehen Priester, so wird es auch im Zweiten Vatikanischen Konzil benannt. Das zentrale Wort für den priesterlichen Dienst heißt eben Dienst. Und von daher hebt die Profilierung des gemeinsamen Priestertums aller Getauften das Profil des Priesters nicht auf, sondern stärkt es, weil es nämlich deutlich macht: „Du bist nicht dazu da, die Kirche zu machen. Die ist schon geschenkt, das ist eine Wirklichkeit, die vorliegt, von Gott gegeben, durch die Geschichte, in der wir stehen, durch die Wurzeln, aus denen heraus wir leben. Aber wenn du zum Priester geweiht wirst, stehst du im Dienst an diesem Volk Gottes durch die Gaben der Sakramente, die du feiern sollst, durch die Leitung, die du wahrnehmen sollst, durch die Verkündigung des Wortes, damit dieses Volk wachsen kann." Das ist alles sehr schön beschrieben im Zweiten Vatikanischen Konzil. In den Konzilskonstitutionen wird sehr, sehr deutlich, dass es um diesen Dienst, diesen wesentlichen sakramentalen Dienst am Volk Gottes geht. Und gerade die Feier der Eucharistie ist es doch, die uns die eine Kirche sein läßt, die uns verbindet mit der ganzen Kirche. Gerade dann, wenn wir immer unterschiedlichere Formen des Kircheseins erkennen, wird die Eucharistie als Quelle und Zeichen der Einheit bedeutsamer denn je.

Wenn sich Laien mehr engagieren und mehr Verantwortung übernehmen, wie von der lokalen Kirchenentwicklung ja ausdrücklich gewünscht, hat das meist zur Folge, dass Laien dann auch mehr Mitspracherecht haben wollen. Kann das nicht vor Ort auch problematisch werden? Zum Beispiel wenn eine Gemeinde sich wünscht: „Wir wollen Jugendgottesdienste machen", und der Pfarrer sagt: „Ich hätte aber gerne, dass ihr mehr Rosenkranz betet."
Sie denken da noch dialektisch. Es geht doch gar nicht darum, dass einer sich durchsetzt, es geht auch nicht um Mitspracherechte, sondern um unterschiedliche Ebenen der Verantwortung. Ein wesentliches Wort, das deuten Sie schon an, ist das Wort Teilhabe und Teilnahme und Mitverantwortung, Partizipation *aller* Getauften. Ich finde es problematisch, diese Verantwortung für das Leben einer Kirche am Ort auszuspielen gegen die Leitungsverantwortung eines Priesters. Es ist ein Dienst, ein Leitungsdienst *am* Volk Gottes, den der Priester hat. Der Priester hat die Aufgabe, gemeinsam mit den Christen am Ort zu entdecken, was Gottes Weg mit dieser konkreten Gemeinschaft ist, und sie auf der Spur des Evangeliums zu halten. Es geht doch

nicht darum, persönliche Vorlieben durchzusetzen, sondern gemeinsam zu schauen, gemeinsam hinzuhören und gemeinsam Unterscheidungsprozesse zu initiieren und zu begleiten, wie aus der Kraft des Evangeliums entdeckt werden kann, was hier vor Ort wichtig ist. Zum Beispiel: Da, wo viele Jugendliche sind, liegt nahe, dass wir fragen: „Wie können wir den Jugendlichen das Evangelium verkünden?", und die Menschen darauf aufmerksam machen, darum geht es. Gleichzeitig aber auch Menschen darauf aufmerksam zu machen, dass da, wo vor allem Altenheime stehen, eine Jugendpastoral nicht das Erste ist, was man zu tun hätte, sondern wir sollten fragen: „Was dient diesen alten Menschen?" Ich glaube, das wäre eine hinweisende Aufgabe des Priesters, der dann auf *diese* Weise Leitung wahrnimmt, indem er nämlich Horizonte eröffnet, die Einheit mit der Gesamtkirche wahrt und sich zusammen mit den Menschen vor Ort fragt: „Was ist hier zu tun, was ist hier dran?" Genau das verspricht er ja dem Bischof bei der Weihe: mit und unter dem Bischof das leitende Wirken des Heiligen Geistes zur Geltung zu bringen.

Ist lokale Kirchenentwicklung damit auch zwingend karitativ?
Zwingend karitativ, und zwar deswegen, weil Kirche nur dann Kirche ist, wenn sie sich einlässt auf die Nöte, Sorgen und Herausforderungen der Menschen, die dort am Ort sind. Deswegen ist ja auch die Caritas in unserem Bistum wesentlich an der lokalen Kirchenentwicklung beteiligt. Sie ist wirklich „ein starkes Stück Kirche für andere", wie sie selbst es formuliert Kirchliche Gemeinschaft ist ja nicht eine spirituelle Gruppe, die miteinander die Bibel liest (was ja auch schön ist). Sondern diese Kraft, aus dem Evangelium zu leben, führt ja gerade dazu, dass ich meine Augen öffne für das Leben derer, mit denen ich da bin, und das spielt sich nach meinem Empfinden sehr unspektakulär ab. Wenn wir als Christen miteinander an einem Ort leben, in *Beziehung* leben, dann verstehen wir auch, was den Menschen

fehlt, weil wir es aus unserem Alltag wissen. Es wird dann nicht ein großes Programm, was wir da auflegen, sondern die einfache Wirklichkeit einer Kirche in der Nachbarschaft.

Ich nenne dazu ein paar Beispiele: Mexiko City – eine riesige Metropole mit 20 Millionen Menschen und großen Pfarreien. Die Kirchenentwickler in Mexiko City sagen: „Es reicht überhaupt nicht zu sagen, wir bilden hier eine Pfarrei. Wir müssen schauen, wo die Menschen leben, und Gemeinschaft hervorbringen." Zum Beispiel ist da ein Kranker in der Gemeinde, der sich nicht bewegen kann. Klassisch würde man einen Kommunionhelfer suchen, der ihm ab und zu mal die Kommunion bringt. Von diesem Entwicklungsprozess einer lokalen Kirchenentwicklung her sagen die Kirchenentwickler in Mexiko City aber: „Nein, das ist viel zu wenig. Vor allem muss die Erfahrung, dass dieser Mann dort die Eucharistie empfängt, ihm auch eine leibhafte Erfahrung von Kirche ermöglichen, denn das feiern wir ja in der Eucharistie." Das heißt, die Kirchenentwickler fragen dann die Christinnen und Christen im Umfeld dieses Kranken: „Können wir uns nicht jede Woche bei dem Kranken treffen und so eine Gemeinschaft von Gläubigen um diesen Kranken herum bilden? Ihr sorgt für ihn, kauft ein, aber ihr sorgt auch dafür, dass wir miteinander beten, ihr sorgt auch dafür, dass jemand ihm zur Seite steht, dass er sich am Gemeindeleben beteiligen kann, dass er mitkriegt, was hier alles passiert." Und so entsteht eine kleine Gemeinde um den Kranken herum, vielleicht nur in der Straße, in der er lebt.

Was bringt lokale Kirchenentwicklung damit der Kirche insgesamt, was bringt lokale Kirchenentwicklung den Gläubigen?
Ich denke, Kirche wird wieder die Kirche aller Menschen. Wir können entdecken, dass jeder und jede in seiner Weise mit auf diesem Weg sein kann, der die Kirche ist. Wir können entdecken, dass wir als Getaufte und Gefirmte alle Gaben in uns

tragen, um vor Ort Kirche zu sein. Wir können einfach Kirche sein, und wir wagen zu sagen: „Wir trauen uns zu, dass wir Kirche sind hier am Ort. Und wir haben die Gnade und das Geschenk der Liebe Gottes in uns und leben aus ihnen." Das bewusst zu entdecken heißt, Christsein neu zu entdecken, Christsein vertieft zu entdecken und auch Kirchesein vertieft zu entdecken, denn Kirche ist dann nicht mehr irgendeine Institution, irgendeine Struktur, sondern ist das Leben, das wir miteinander teilen, in deren Mitte Christus lebt, der uns die Wege zeigt.

4. Kapitel:
Lokale Kirchenentwicklung –
ein Prozess

a) im Bistum

Eine vielfältige liturgische Kultur

Sie hatten es gerade angedeutet: Lokale Kirchenentwicklung ist ein geistlicher Aufbruch, aber in der Umsetzung geht es auch um Strukturen. Bedeutet lokale Kirchenentwicklung auch eine Abschaffung oder ein Schrumpfen der Strukturen? Ein Abschied von der Institution Kirche, die verwaltet wird und durch die die Versorgung der Gemeinden mit Pfarrern gewährleistet wird?

Das sehe ich nicht so. Ich glaube eher, dass die Strukturen an den richtigen Ort kommen. Wir brauchen alle Strukturen und wir haben theologisch begründete, wesentliche Strukturen unserer Kirche; das hat mit den Sakramenten zu tun. Es geht bei unserer „sakramentalen Grundstruktur" um die Gemeinschaft in Christus: Wie können wir so leben, dass Christus als Lebendiger erfahrbar wird. Und so geht es um die Sakramente, die als Heilsmittel diese Wirklichkeit hervorbringen wollen, es geht um die Frage der Einheit, und es geht um die Frage des Wortes Gottes, darum wie es so verkündet wird, dass es lebendig wird unter uns. Dazu sind die Strukturen da, dazu sind auch die Dienste und Ämter da. Wir waren eine Zeit lang versucht, Kirche eher von der Struktur her zu organisieren, weil wir in unserem Kontext auch die Möglichkeiten, die materiellen Ressourcen hatten, diese Strukturen zu entfalten. Jetzt haben wir diese Ressourcen so nicht mehr und entdecken vielleicht, dass es so ähnlich ist wie bei einem gesunden Organismus: Ein Organismus ohne Skelett kann nicht wachsen, er braucht Halt, braucht Grundstrukturen, aber das Skelett ist nicht außen, sondern innen, man sieht es nicht zuerst. Zuerst sieht man das, was an Leben da ist, was an Leib da ist. So würde ich das formulieren: Wir haben lange Zeit auf die Skelette geschaut, von denen wir immer wussten, dass sie dienen sollen, und wir haben sehr starke Strukturen aufgebaut. Wir schauen jetzt stärker darauf, wozu sie dienen und wie sich das Leben zeigt. Auch das ist eine gewisse Umkehrung des Blickes.

Deckt sich das mit der Aufforderung, Kirche soll ärmer werden? Strukturen definieren sich auch über die finanziellen Mittel, die sie haben. Wenn Sie jetzt sagen, Strukturen müssen da ankommen, wo sie wichtig sind, erleichtert dann Armut diese Strukturveränderung?

Sie ist hilfreicher. Ich würde nicht sagen: „Lasst uns arm werden, damit wir keine Ressourcen und Strukturen mehr haben." Sondern arm sein bedeutet: sich einlassen auf die Lebenswirklichkeit der Menschen und ihr dienen. Armut heißt, sich nicht auf eigenen Mitteln ausruhen, sondern die Mittel teilen, die wir haben. Eine arme Kirche ist meiner Meinung nach eine Kirche, die nicht etwas für sich selber schafft und erschafft und dann „auch noch" etwas vom Überfluss gibt, sondern bei der Teilen zum Wesensmerkmal gehört. Insofern ist die lokale Kirchenentwicklung auch ein missionarisches Konzept und dockt wunderbar an das an, was Papst Franziskus in Evangelii gaudium schreibt. Ihm liegt daran, dass die Kirche nicht für sich existiert, sondern hinausgeht. Hinausgeht zu den existenziellen Peripherien und Rändern dieser Gesellschaft, dort ist und dort lebt mit den Menschen und das teilt, was sie hat, an Froher Botschaft, aber auch an Unterstützung.

Ändert lokale Kirchenentwicklung die Art und Weise, wie eine bischöfliche Verwaltung ihre Aufgaben wahrnehmen soll? Heißt es nun, nicht mehr die Verwaltung macht Vorgaben für die Pastoral vor Ort, sondern die Pastoral vor Ort meldet die Entwicklungen und was sie an Unterstützung bräuchte. Wie verändern sich die Aufgaben einer zentralen Einrichtung wie des Generalvikariats im Zuge der lokalen Kirchenentwicklung?

Erstens glaube ich, es gibt in jeder Abteilung inzwischen eine Sensibilität für den Dialog, der notwendig ist, damit lokale Kirchenentwicklung geschehen kann. In den einzelnen Fachbereichen oder Bereichen wie Finanzen und Personal handelt man zunehmend unter der Logik der Partizipation. Auf der einen Seite gibt es natürlich Vorgaben: Begrenzte Mittel wollen gerecht verteilt werden. Aber dann gilt es auch, möglichst viele Menschen an Entscheidungsfindungsprozessen zu beteiligen, damit diese auch gemeinsam getragen werden. Das ist ein längerer Übungsweg, aber ich finde, es geschieht vieles – mindestens anfanghaft – in einem Dialog auf Augenhöhe. Natürlich müssen alle Beteiligten darin wachsen, vor allem dann, wenn oft ein gegenteiliger Eindruck entstanden ist. Da wiegt die Geschichte schwer. Dann zeigt sich auch, wie die Dialektik zwischen oben und unten oder unten und oben sich verwandeln will in eine Dialogik der wechselseitigen Begleitung und Unterstützung. Etwa dass wir im Generalvikariat sagen: „Gemeinsam mit euch wollen wir schauen, was hier wächst, was hier geschieht, was hier vergeht." Und gemeinsam wollen wir mit euch fragen: „Was braucht ihr an Unterstützung, damit ihr weiter wachsen könnt, damit sich Kirche bei euch weiter entwickeln kann?" Wir als Verwaltung dienen den Menschen, die vor Ort diesen Weg des Kircheseins und des Kirchewerdens gehen.

Zweitens: Im Bereich Pastoral verstehen wir uns ja seit einigen Jahren als diejenigen, die pastorale Entwicklungslinien beschreiben, indem wir lokale Kirchenentwicklung als Weg der Kirche von Hildesheim eröffnet haben. Denn de facto war das ja schon an vielen Stellen anfanghaft vorhanden. Und diese weitere Aufgabe heißt: im Dialog zu sein mit der Frage „Wie können wir euch auf diesen Prozesswegen begleiten?"

Und drittens: Wie können wir entdecken, was tatsächlich vor Ort passiert? Damit die Linien und die Perspektiven lokaler Kirchenentwicklung sich auch weiterentwickeln können, braucht man den Dialog mit den Akteuren, die das eigentlich voranbringen. Wir begleiten das, wir wollen das unterstützen und begleiten. Und wir wollen herausbekommen und evaluieren: Was passiert da eigentlich? Wie müssten wir andere Aspekte ins Licht rücken, was entdecken wir neu? Das ist ein gemeinsamer Entdeckungsprozess.

Ist lokale Kirchenentwicklung dann nur in Bistümern möglich, wo dieser Prozess vom Bischof unterstützt wird?
In unserem Bistum hat der Bischof diesen Prozess initiiert, seither begleitet und ermöglicht er die Prozesse in dieser Richtung. Ich glaube, die Hauptaufgabe eines Bischofs besteht darin, die Einheit mit der Gesamtkirche zu wahren, aber eben auch lokale Prozesse der Entwicklung zu ermöglichen. Gegen den bewussten Willen eines Bischofs oder eines Pfarrers können solche Entwicklungsprozesse nicht starten. Umgekehrt sind Bischöfe auch keine Machthaber, die sagen: „Es geht nur so, wie ich will." Ich erfahre Bischöfe als häufig sehr wachsam und offen in dem, was sie sehen. Ich glaube, in unserem Fall ist es so, dass nicht nur ein Sehen und eine Weite da sind, die mir begegnen, sondern auch ein bewusstes Initiieren eines Entwicklungsprozesses, von dem Bischöfe erahnen, dass er nötig ist, weil sich die konkrete Sozialgestalt der Kirche in den nächsten Jahren fundamental ändern wird. Wir sind da insgesamt in einem nicht ganz leichten Lernprozess; es gibt leider auf beiden Seiten, auch bei den Christen und Christinnen vor Ort im Bistum Hildesheim, wahrscheinlich durch schlechte Erfahrungen gespeiste negative Bilder, die sich lange eingeprägt haben. Diese Vorurteile und Erfahrungen brauchen Zeit, damit sie sich auflösen in ein Miteinander des Vertrauens und des Dienens.

Wären folglich Modelle denkbar, bei denen die Verwaltung stärker dezentral aufgebaut ist und eine bischöfliche Verwaltung schrumpft?
Das ist so. Ich selbst kann das nicht durchdenken, weil ich in dem Bereich kein Fachmann bin. Aber so, wie ich das wahrnehme, sollen zum Beispiel kirchliche Verwaltungszentren errichtet werden, die dazu dienen, das Ganze zu dezentralisieren. Und ich glaube, darin liegt schon eine Umsetzung von lokaler

Kirchenentwicklung, dass ich nämlich sage: „Ja, wir wollen, dass die Leute selbständig mit dem Geld umgehen, wir unterstützen sie darin, dass sie das können, und leisten den technischen oder verwaltungstechnischen Support dafür." Dass das vor Ort nicht immer so empfunden wird, hat mit einem weitverbreiteten Misstrauen zu tun und einem Bild von der Kirche, das immer noch in „oben-unten"-Kategorien denkt.

Wie verändert sich denn dann die Art und Weise des Vorangehens im Bistum insgesamt? Wenn Sie sagen, es gibt Leitungsteams und nicht mehr nur Pfarrgemeinderäte, wenn Sie sagen, die Verwaltung wird dezentraler? Wie kann über die Ebene der Pfarrei hinaus, die ihre Vielfalt verwaltet oder Vielfalt entwickelt, dieser Prozess im Bistum als Ganzem, etwa zusammen mit dem Diözesanrat, gestaltet werden?

Ich glaube erstens, dass wir schon viele Instrumente haben, die für eine lokale Kirchenentwicklung genutzt werden können. Aber ob wir sie in dieser Richtung nutzen, weiß ich nicht so genau. Wir haben viele Gremien, viele Zusammenkünfte. Wir sitzen eigentlich ständig zusammen. Und Sitzungen sind potentielle Orte geistlicher Entscheidungsfindung. Dass sie es nicht immer sind, ist eine Frage dessen, wie wir die Sitzungen und Prozesse gestalten. Aber es hat eine tiefere innere Logik: Pfarrgemeinderäte, Kirchenortsräte oder lokale Leitungsteams, Diözesanräte, Dekanatsräte, Priesterräte, bischöfliche Räte sind deswegen so, weil sie voneinander wissen, dass nur dann, wenn sie zusammenkommen und wenn sie alle ihre Punkte beisteuern, sie eventuell entdecken können, was Gott ihnen zeigen will.

Dazu sind diese Räte da, eigentlich nicht zur Abarbeitung von Tagesordnungen. Das ist sozusagen die innere Strukturgestalt einer Sitzung, aber eigentlich geht es immer darum zu fragen: „Was zeigt sich hier?", „Was möchte Gottes Geist heute hier?". Und: „Wie können wir handeln, damit sich die Perspektive, die wir erkannt haben, verwirklicht?" Synodalität in diesem Sinne ist eine Grundstruktur des Kircheseins, eine Grundstruktur der Partizipation, die zum *Wesen* der Kirche gehört, weil Gott dreieinig ist. So herum würde ich es begründen. Communio ist also nicht etwas, was noch dazukommt, und gemeinsame Entscheidungsfindung ist nicht etwas, was man wollen könnte oder auch nicht, sondern es hat wesentlich mit der Grundgestalt unseres Glaubens zu tun. Wenn das so ist, müssen wir das alles noch ein bisschen besser üben. Wir sind da auf allen Ebenen noch sehr am Anfang. Grundsätzlich liegen die Instrumente schon bereit, nur ihr „Spirit" wäre noch zu schärfen.

Was wären das für Instrumente?
Das sind die vorhandenen Beratungsinstrumente, die wir ja auch nutzen. Die Frage ist eher die nach dem Geist darin, dem Spirit. Ist es wirklich so, dass wir sagen: „Wir sind hier in eins versammelt. Wir wollen hören, was der Herr uns sagt. Was zeigt er uns zu dieser Frage? Wie müssen wir dieses Problem oder diese Frage entscheiden, damit wir zu einer dem Volk Gottes angemessenen Lösung gelangen?" Eine Antwort darauf setzt voraus, dass ich eine Vision habe, damit ich im Einzelfall sehen kann, was wir als nächsten Schritt auf diesem Weg entscheiden müssen. Die Möglichkeiten und die Bedeutung der Pfarrgemeinderäte, hatte ich, ehrlich gesagt, lange Zeit nicht unter dieser Perspektive gesehen. Sie wirkten auf mich eher wie politische Verhandlungsgremien. Ich habe nicht erkannt, dass sie ein Ort geistlicher Unterscheidung sein können. Das lag natürlich auch an den Erfahrungen, die ich gemacht habe. Oft blieben die Gremien im Pragmatischen, oft war es sehr schwierig und sehr, sehr konfliktreich und es ging eher ums Durchsetzen von eigenen Ideen. Ich glaube, es ist eher so, dass Pfarrgemeinderäte – bleiben wir mal bei diesem Gremium, wir könnten alle anderen auch nennen – ein Ort sein sollen, wo man des Ganzen der Pfarrei gewahr wird, also der Vielfalt der Orte, der Vielfalt der Entwicklungen, und sich dann fragt: „Und was bedeutet in diesem

Kontext unser Problem? Etwa: Was können wir für und mit den Kindern hier in unserer Gemeinde tun? Wie können wir ein Fest feiern vor dem Horizont dessen, was wir sind?" Dazu braucht man ein bisschen Zeit und einen anderen Stil, vermute ich.

Ich habe den Eindruck, momentan gibt es zwei Formen, wie Dialog oder Austausch in der Kirche gepflegt wird. Es gibt Räte, bei denen es vor allem darum geht, Arbeit und den Alltag zu organisieren, und es gab diesen Dialogprozess zu grundsätzlichen Fragen. So wie Sie es schildern, kann es nicht darum gehen, nur Arbeit zu verteilen, aber auch der große Dialogprozess scheint mir zumindest nicht umfassend etwas bewegt zu haben.

Also ich würde sagen, beides sind Entwicklungsschritte. Der Dialogprozess ist ein großes Übungsfeld. Das sieht man auf allen Ebenen der Kirche, das gilt auch für den Dialog der deutschen Bischöfe mit den Spezialisten und Experten. Die Ergebnisse sind bislang nicht überzeugend. Aber das liegt einfach auch daran, dass wir es lernen müssen. Es ist ein Lernprozess.

Ich habe bereits gesagt, wie wir in unserem Bistum zur lokalen Kirchenentwicklung gekommen sind: indem wir einen Prozess umgekehrt haben. Wir sind mit einer kleinen Gruppe in die Gemeinden und in die Dekanate gefahren und viele vor Ort fragten sich: „Was wollen die von uns?" Wir haben unsererseits gefragt: „Was ist denn bei euch? Wir wollen von euch lernen." Das hat das bisherige Verhältnis umgedreht und sichtbar gemacht: Wir alle müssen, wir dürfen lernen, dass vieles abbricht, wir dürfen aber auch lernen, dass vieles aufbricht. Und wir kamen in den Priesterrat zurück mit der mutigen Botschaft: „Die Kirche von Hildesheim bricht auf." Das haben wir mitten in eine Zeit hinein gesagt, wo alle sagten: „Die Kirche von Hildesheim geht unter." Oder: „Die Kirche von Hildesheim ist in einer sehr schwierigen Phase, in einer dicken Krise." Und dann haben wir gesagt: „Den Aufbruch können wir auch belegen. Und zwar ganz einfach, indem wir alle, die hier zusammensitzen, uns fragen: Was bricht denn hier auf? Kennt ihr nicht auch Erfahrungen?" Dadurch kam ganz viel ans Licht. Das heißt, dieser unser Besuch stand im Dienst daran, etwas zu heben, was da ist und wächst. Und das ist der erste Schritt. Der zweite Schritt war dann, für diesen Entwicklungsprozess eine Deutung anzubieten. Wir haben versucht, den Entwicklungs- und Verwandlungsweg unserer Kirche von Hildesheim zu beschreiben. Von dort aus kann ein Prozess beginnen, in dem wir fragen: In dieser neuen Situation – welche Handlungsoptionen drängen sich auf? Das ist ein dialogischer Prozess, den wir alle, Christen vor Ort wie Verantwortliche im Bistum, noch intensiver üben müssten.

Für mich klingt das jetzt so, als würden Sie den Gemeinden sagen: Steigt mal kurz aus dem Hamsterrad der Alltagsversorgung aus und überlegt euch, wo ihr hinwollt oder was ihr wollt. Wird das nicht als Provokation empfunden?
Ja, zum Teil wird das als Provokation empfunden. Ich finde aber dennoch: Jemand der im Hamsterrad sitzt, muss sich nie über seine Ziele befragen, weil er immer wieder am selben Ort ankommt. Viele Gemeinschaften und Gemeinden in der Kirche haben ein fest umrissenes Programm, das sie einfach weitermachen und sich ärgern, wenn es nicht so gut läuft, oder sich freuen, wenn es gut läuft. Die Frage, wohin wir insgesamt gehen, ist aber keine überflüssige Frage. Ich weiß nicht, ob man einfach aus dem Hamsterrad aussteigen kann, das ist auch nicht gemeint, aber es braucht Orte, auch in einer Gemeinde, wo man sich vergewissern kann: „Auf welchem Weg sind wir? Wohin gehen wir?" Und dann kann ich auch die einzelnen Hamsterradaktionen, also unser konkretes Tun, auf diesem Weg einordnen. Ich glaube, das Schwierigste ist, wenn man gar nicht sieht, wohin man geht, wenn man eine Erfahrung macht wie „Wir arbeiten hier, was das Zeug hält, aber warum wir das eigentlich genau machen und wohin es führt, können wir leider nicht beschreiben". Wie wich-

tig es ist, diesen gemeinsamen Horizont zu eröffnen, damit wir sinnvoll an einer Sache arbeiten können, zeigt dieses Zitat, das Saint-Exupéry zugeschrieben wird: *„Wenn du ein Schiff bauen willst, so trommle nicht Männer zusammen, um Holz zu beschaffen, Werkzeuge vorzubereiten, Aufgaben zu vergeben und die Arbeit einzuteilen, sondern lehre die Männer die Sehnsucht nach dem weiten, endlosen Meer"*, also nach dem Grund, warum du dieses Schiff überhaupt bauen willst.

Ermöglicht dann lokale Kirchenentwicklung auch einen anderen Blick auf Alltagsaufgaben, die bleiben? Wenn ja, welchen?
Lokale Kirchenentwicklung verändert auch im Alltag ganz viel. Ich mach Ihnen das mal an zwei Beispielen deutlich.

Erstes Beispiel – ein Gemeindefest. In diesen Gemeindefesten ist eigentlich klar, wer was macht. Weniger klar ist häufig die Frage: Was genau wollen wir damit für die Menschen? Was soll da passieren in den Menschen?" Wenn wir uns diese Frage nicht stellen, machen wir einfach das, was wir immer schon gemacht haben. Vielleicht machen wir auch mal etwas Neues dazu und mal was anderes, aber wir haben uns nicht die Frage gestellt: „Was wollen wir, dass die Menschen, die da kommen, erleben?" Ich habe einmal in einer Planungsrunde gesagt: „Diese Unterscheidung zwischen dem Was und dem Wie ist entscheidend." Dann haben die Leute gesagt: „Wir möchten, dass die Kirche in unserem Stadtteil präsent ist. Dass die Menschen erfahren, es gibt hier Kirche." Dann haben wir gefragt: „Wie machen wir das?" Und dann kamen ganz neue Ideen, zum Beispiel: „Wir machen eine Polonaise durch die Innenstadt. Dann merken alle, dass wir da sind." Auf die Idee wäre vorher niemand gekommen, weil es nie jemand so gemacht hat. Aber wenn das Ziel klar ist, kann ich auch die einzelnen Elemente, die ich bereits habe, neu ordnen. Ein anderes Beispiel ist die Erstkommunionvorbereitung, die jede Gemeinde durchführt, jedes Jahr. Was ist das Ziel? Wenn ich das nicht kläre, werden am Ende immer Leute enttäuscht sein. Wenn ich es kläre, kann ich wenigstens beschreiben: Was genau ist denn realistisch angesichts der Personen, die kommen? Was soll sich für die ereignen? Dann ist von vornherein klar, dass wahrscheinlich die Erwartung, sie alle würden brave Sonntagschristen werden, eine sehr illusorische Zielbeschreibung ist, weil sie nicht mit den Menschen zusammenhängt, denen wir begegnen. Wenn ich diese Menschen aber genauer in den Blick nehme, dann werde ich andere Schritte in dieser Vorbereitung vollziehen, dann wird die Art und Weise, wie ich vorbereite, sich durchaus unterscheiden, da bin ich ziemlich sicher.

Gibt es da schon Beispiele?

Ja: Die Erstkommunionvorbereitung kann angesichts der vielen Familien, die selten in Kontakt mit der Kirche waren oder vielleicht noch nie, nicht zur Integration in diese Gemeinde führen. Deshalb ist es besser, die Frage zu stellen: Was möchte ich, dass passiert? Ich möchte, dass diese Eltern und Kinder wirklich tiefe Begegnungen und Kontakt mit dem Evangelium bekommen. Das ist realistisch, das ist das erste Mal, dass sie das bekommen. Dass sie diese Feier, die Eucharistiefeier, innerlich schmecken können. Wenn das das Ziel ist, heißt das noch lange nicht, dass sie dann jede Woche zur Eucharistiefeier kommen, aber es wäre das erste Ziel. Ich weiß, ich bin auf einem langen Glaubensweg mit diesen Familien, und ich muss nicht alles in diesem einen Jahr haben. Aber wir können ihnen das anbieten, was uns das Wertvollste ist, und das erschließen. Mit Freude, mit Kraft, mit der Hoffnung, dass sich in ihnen Christus zeigt und sie bewegt. Wenn ich das mache, dann hab ich ja viel mehr Absichtslosigkeit bezüglich der Frage, was hinterher passiert. Ich würde mich freuen, wenn Familien das entdecken, aber das ist eine Gnade. Ich kann aber alles dafür tun, dass sie es entdecken können. Und dann verändert sich auch die Art der Vorbereitung.

Können Sie ein weiteres Beispiel nennen?

Was Katechese angeht, fallen mir natürlich Initiativen ein wie der „Treffpunkt Gott" in Sarstedt oder die „Gemeindekatechetischen Sonntage" in Buxtehude. Ich war einmal in Buxtehude bei einem gemeindekatechetischen Sonntag und habe erfahren, wie das ist, wenn das ganze Volk Gottes miteinander Gottesdienst feiert und hinterher einfach zusammenbleibt. Diese Familien mit den Kindern – ich hab noch selten einen Gottesdienst erlebt, wo so viel Freude war und so viel Lebendigkeit, aber nicht im Sinne von Unruhe, sondern der Feier angemessen. Hinterher gab es dann eine dichte Begegnung von vielen Menschen, die sich alle kennenlernen konnten. Damit wird Kirche erlebbar für alle! Und sie wird erlebbar nicht nur im Kopf, sondern auch als Erfahrung. Insofern glaube ich, dass vor allem Modelle von Gemeinschaftstagen, also wo sich die Kirche als Ganzes treffen kann, eine der Möglichkeiten sind, wie man heute Familien von Erstkommunionkindern begegnen kann.

Es gibt den Vorwurf, lokale Kirchenentwicklung ist nur eine Lösung für Probleme, die durch Priestermangel entstehen.

Die Strukturentwicklung in den deutschen Bistümern ist ein Lösungsversuch für das Problem, das durch eine geringere Zahl von Priestern entsteht. Lokale Kirchenentwicklung ist aber kein Strukturprozess, sondern zuerst ein Lebensprozess des ganzen Volkes Gottes. Es betrifft alle. Wenn wir von lokaler Kirchenentwicklung reden, reden wir nicht in erster Linie von größeren oder kleineren oder sonst wie gearteten Pfarreien, sondern wir reden vom Leben der Getauften, von der Substanz dieses Kircheseins, das da heißt: Wir sind ein Volk Gottes, unterwegs in den verschiedenen Orten unseres Lebens, in Einrichtungen der Caritas, Familienbildungsstätten und Schulen. Und dann stellt sich natürlich die Frage, wie genau der sakramentale Dienst des Priesters und seines Teams an Hauptberuflichen aussehen kann, um der Kirche zum Wachstum zu verhelfen.

Es gibt andere Bistümer, denen ganz wichtig ist, dass die Eucharistie gewährleistet wird. Würden Sie sagen: Neu ist bei uns, dass wir Pfarrei nicht zentralistisch denken und nicht unbedingt von der Eucharistie her, sondern von den Taufbegabungen vor Ort her? Ist lokale Kirchenentwicklung nur ein anderes Pastoralkonzept?

Das kann man so nicht gegeneinanderstellen. Das gehört zusammen. Alle deutschen Bistümer, die ich kenne, arbeiten zurzeit aus struktureller Notwendigkeit heraus mit dem Konzept – wie auch immer Sie es nennen mögen – von größeren pastoralen Räumen. Diese größeren pastoralen Räume sind keine freiwilligen Entwicklungen der Getauften, sondern Maßnahmen, die Bistümer einleiten, um die sakramentale Grundgestalt der Kirche zu bewahren. Das ist uns auch sehr wichtig, sonst hätten wir in unserem Bistum nicht größere Pfarreien geformt. Die sakramentale Grundgestalt der Kirche hängt mit der Frage der Eucharistie zusammen. Woraus lebt die Kirche? Sie lebt nicht daraus, dass wir das alles aus uns selbst heraus können, sondern dass wir aus der Gnade heraus leben und aus dem Geschenk der Liebe Gottes an uns, die sich in den Sakramenten am dichtesten zeigt. Die Aufgabe eines Bischofs ist es, für das ihm anvertraute Volk Gottes Räume zu schaffen, in denen das möglich ist: dass die Sakramente, die Eucharistie immer wieder gefeiert werden, dass sie Mitte, Quelle und Höhepunkt des Zusammenseins aller Getauften sind. Das ist die Aufgabe, die eine Strukturentwicklung in sich birgt.

Aber die Strukturentwicklung ist aus sich noch keine Kirchenentwicklung – sie soll diesem Wachstum der Kirche dienen. Sie soll ermöglichen, dass es eine Kirchenentwicklung gibt. Und deswegen unterscheidet uns von den anderen Diözesen nicht so sehr, ob wir größere pastorale Räume schaffen, sondern die Frage, ob es noch eine komplementäre Perspektive gibt, die sagt, wozu diese Strukturen dienen. Sie dienen dazu, dass die Menschen, die aus Taufe und Firmung und dem Leben Gottes heraus gestärkt sind, ihre Kirche vor Ort entfalten. Und da sehe ich keine großen Unterschiede zwischen den Bistümern mehr. Die Schwerpunkte sind vielleicht anders. Die einen schauen im Moment noch stärker auf die strukturelle Ermöglichung dieser Prozesse, darauf, dass größere pastorale Räume eine dezentrale Entwicklung von Kirche ermöglichen und dass Getaufte vor Ort ihren Glauben leben. Wir haben ja diese Strukturprozesse schon hinter uns, wir haben größere Räume geschaffen. Jetzt aber geht es darum zu sagen: Wozu dient denn das eigentlich? Statt zu sagen: Wir haben Strukturen entwickelt wie ein Container und jetzt gucken wir mal, wie wir sie mit Leben füllen. Das wäre ein komischer Strukturbegriff. Die Strukturen haben einen Dienst. Sie dienen dazu, dass Menschen vor Ort aus der Kraft des Glaubens Kirche gestalten. Vielleicht hätte ich es mir anders gewünscht: dass wir zuerst neu verstehen lernen, wer wir als Kirche sind und wohin wir gemeinsam gehen wollen – und dann aus einem gemeinsamen Verstehen und einer gemeinsamen Perspektive Strukturen neu gestalten. Aber so war es nicht.

b) in der Pfarrei

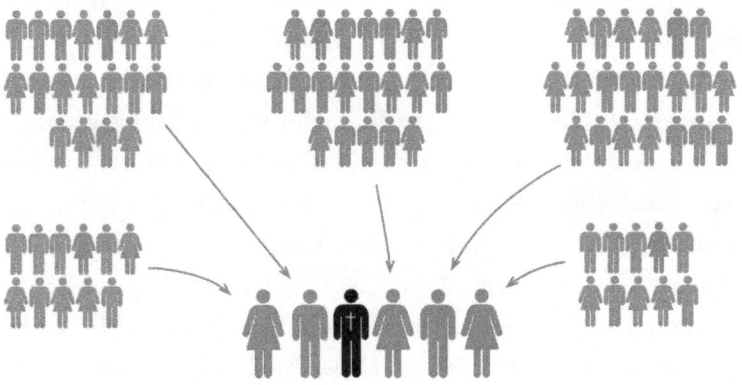

Leitung der Pfarrei

Was muss eine Pfarrei beachten, wenn sie lokale Kirchenentwicklung beginnen oder initiieren will?

Für mich ist klar: Lokale Kirchenentwicklung ist an vielen Stellen schon im Gange, aber um als bewusster Prozess gestaltet zu werden, braucht es einige Grundelemente. Erstens müssen der Pfarrer und sein Team das wollen. Das Zweite ist: Wir müssen darauf achten, dass das nicht ein Prozess von wenigen Beteiligten wird, sondern von möglichst vielen. Das Dritte: Es ist ein geistlicher Weg und weil es ein geistlicher Weg ist, lebt er auch aus Quellen der Christusbegegnung. Wie werden diese Quellen in der Gemeinde, unter den Menschen gestärkt? Das Vierte: Habe ich wirklich alle im Blick? Das Fünfte: Bin ich sensibel für den Raum, in dem ich lebe, den Sozialraum, also die Sendung, die ich habe? Wo das anfanghaft geschieht, beginnt lokale Kirchenentwicklung.

Worauf sollte eine Pfarrei bei der Gestaltung des Prozesses besonders Augenmerk legen, was muss sie besonders im Blick haben?

In dem Wort lokale Kirchenentwicklung stecken drei zentrale Beobachtungskriterien:

Wir sagen erstens: Kirchenentwicklung ist nicht sozusagen ein Fünfjahresplan, der für das ganze Bistum Hildesheim gilt und alle machen jetzt dasselbe. Sondern wir setzen sehr stark auf die Lokalität, auf das Orthafte der Entwicklung der Kirche. Orthaft heißt aber auch nicht, nur auf eine Gemeinde schauen, sondern auch auf alle Einrichtungen der Kirche, auf die Schulen, auf die Caritas, ja auf alle Orte des Lebens, auf alle Lebensräume und Beziehungsräume zu schauen und zu fragen: Was zeigt sich hier vom Evangelium? Wie engagieren sich Christen hier? Wie entsteht Zusammengehörigkeit? Wie entsteht Glaubenswachstum? Und weiter: Was brauchen die Menschen, die mit uns leben? Was ist ihre Not? Was ist ihre Frage? Wozu sind wir gesandt? Das ist das Lokale.

Kirchenentwicklung heißt auch – und das ist ein zweiter Punkt –, dass es nicht zuerst und vor allem um Gemeinde geht, sondern dass Kirche ja viel mehr ist als Gemeinde. Kirche lässt sich nicht zentriert von der Gemeinde her schauen, sondern sie nimmt eine Vielfalt von Orten wahr, an denen sich kirchliches Leben ereignet und entwickelt.

Und – dritter Punkt – Entwicklung heißt, dass es nicht darum geht, perfekte Formen zu entdecken und auszuwählen, sondern zu sagen: Wir sind auf einem Entwicklungsweg. Wir schauen, was sich und wie es sich entwickeln kann und wie wir diese Entwicklungsprozesse, die vielleicht auch über Jahre dauern, unterstützen können.

c) Beteiligte vor Ort

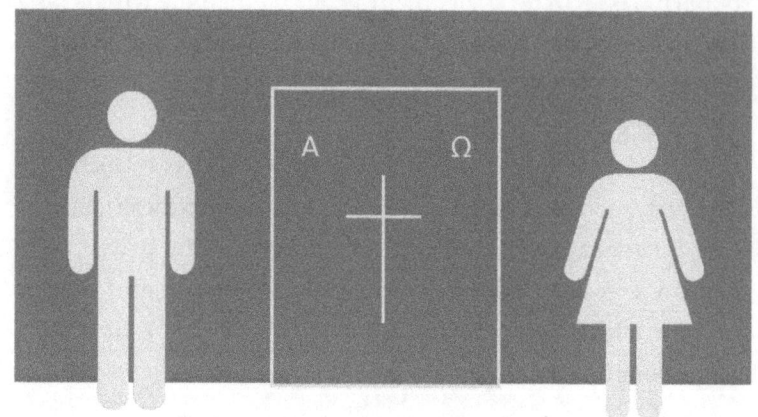

Das Wort Gottes

Wer ist denn „ich" bei der lokalen Kirchenentwicklung? Wer kann lokale Kirchenentwicklung initiieren?

„Ich", das sind die, die Verantwortung für die Pastoral tragen, und das Team von Menschen, das sich bilden muss, die Begleitgruppe dieser Kirchenentwicklung am Ort. Lokale Kirchenentwicklung ist immer ein vom Pfarrer ausgehender Prozess, sonst gelingt er nicht. Das macht noch mal die Bedeutung des Pfarrers deutlich. Notwendig sind auch sein Team und die Räte und alle Einrichtungen unserer Kirche in diesem Raum. Es muss ein positiver Entschluss aller Beteiligten sein: Wir wollen so einen Weg wagen! Wenn das so weit ist, brauche ich Leute, die dafür brennen. Diese Leute sollen möglichst viele Menschen mit einbeziehen. Zum Beispiel: In einer Pfarrei, die aus acht Pfarreien besteht, einer Pfarreiengemeinschaft, haben wir überlegt: Wir wollen nichts extra machen, weil alle Leute ohnehin schon viel zu tun haben. Aber da, wo wir sind, in den Gemeinschaften und Gruppen, da fragen wir: Was ist für euch wichtig, für die Entwicklung der Kirche? Was wünscht ihr euch? Was ist eure Perspektive der Weiterentwicklung? Was sind die Herausforderungen, die ihr erlebt? Wir haben also damit begonnen, dass alle, die sich einer Pfarrei zugehörig fühlen, auch gehört und involviert werden können. Das wäre generell der erste Schritt.

Sie haben gerade gesagt, das hängt vom Pfarrer ab. Nur vom Pfarrer? Mindestteilnehmerzahl in der Lokalen Kirchenentwicklung damit: ein Pfarrer plus eventuell der Gemeinderat? Wer muss noch dabei sein, damit der Prozess gelingt?

Es geht ohne Pfarrer nicht, das ist weltkirchlich und auch bei uns deutlich. Zweitens: Wenn der Pfarrer alleine wäre, würde es nichts bringen. Drittens: Die Gremien ins Boot zu holen, damit sie sagen: „Das ist ein wichtiger Prozess, weil wir alle nach der Zukunft fragen", ist für mich auch eine Voraussetzung dafür, dass es nicht ein paralleles Unternehmen wird. Viertens: Möglichst viele sind zu beteiligen. Und ich würde fragen: Wer ist denn begeistert? Wer macht mit? Das können dann auch sehr unterschiedliche Personen sein, das müssen nicht Repräsentanten sein.

Was aus der Alltagsarbeit ist denn bereits lokale Kirchenentwicklung? Ein Pfarrer hat mich gefragt: Ist es schon lokale Kirchenentwicklung, wenn ich alle Migrantenfamilien persönlich besuche? Ist es schon lokale Kirchenentwicklung, wenn ich das Umweltmanagement mit Ehrenamtlichen mache, die nicht aus dem Gemeinderat kommen?
Nein, das, finde ich, ist noch nicht lokale Kirchenentwicklung, weil das Hauptproblem, das Sie genannt haben, das „ich" ist. Lokale Kirchenentwicklung ist eben nicht der Pfarrer, der etwas Sinnvolles und Tolles tut. Es geht darum, dass er gemeinsam mit den Menschen einen Weg geht

Wer könnte dann für die Pfarrei „wir" sagen?
Ja, wie wird so eine Frage der Migranten zur Frage der Pfarrei? Das ist die Frage, die es zur lokalen Kirchenentwicklung macht. Ich kann sagen: Das ist schrecklich, dass hier Migranten so allein gelassen werden. Ich kümmere mich drum, ein Hauptberuflicher kümmert sich drum. Das ist schön und gut und wichtig und richtig. Aber es ist noch nicht lokale Kirchenentwicklung. Es hat natürlich den Akzent des lokalen, weil die Migranten da leben. Aber damit es eine Kirchenentwicklung wird, muss die ganze Gemeinde einbezogen werden. Lokale Kirchenentwicklung ist ja nicht eine lokale Pfarrerentwicklung oder eine lokale Hauptamtlichenentwicklung oder eine lokale Räteentwicklung, sondern eine lokale Kirchen-Entwicklung. Und unter Kirche verstehen wir die Gemeinschaft der Gläubigen. Wie nimmt eine Gemeinschaft von Gläubigen dieses Problem überhaupt wahr und inwieweit fühlt sie sich betroffen? In dem Moment, wo sie sich betroffen fühlen, wo Menschen sagen: „Das geht uns an", kommt auch eine Dynamik der Unterstützung und Begleitung

in Gang, die nicht zuerst am Hauptberuflichen hängt. Der Hauptamtliche initiiert das, er muss es initiieren, er kann auch darauf aufmerksam machen. Aber entscheidend ist, dass er dafür sorgt, dass Menschen sagen: „Das ist unsere Sache." Und dass eine Gemeinschaft von Gläubigen sagt: „Hier sind die Asylantenwohnungen, das ist eine unserer wichtigsten Aufgaben."

Was bedeuten ein so geändertes Bild und eine so geänderte Aufgabe für die Ausbildung der Priester?
Nach meinen Erfahrungen mit der Weltkirche ist die Rolle des Pfarrers und des Priesters in den örtlichen Gemeinden eine zentrale Rolle. Es ist die Frage, ob ein Priester sich dieses Bild von Kirche innerlich zu eigen gemacht hat. Es reicht nicht, etwas studiert zu haben. Man muss eine lebendige, bunte Erfahrung in sich tragen, eine Vision von einer Kirche, die – so wie beschrieben – eine Kirche von Vielfalt und Gemeinschaft ist.

Und die Priester, die das nicht verinnerlicht haben, mit denen gelingt lokale Kirchenentwicklung nicht?
Genau. So ist es. Das ist die größte Herausforderung, und sie bezieht sich auf alle Christen, denn die Entwicklung gelingt auch dann nicht, wenn Gemeindemitglieder vor Ort keine Vision in sich tragen. Es geht um einen gemeinsamen Prozess der Bewusstwerdung. Der ist für Priester, glaube ich, sehr wichtig und sehr zentral. Deswegen ist es wichtig, den Priester dabei zu begleiten, zu unterstützen und ihm zu ermöglichen, dass er sein inneres Bild von Kirche farbig wird. Dass er sagen kann: „Ja, das kann ein Weg sein." Und zwar ein Weg, der nicht die Multiplikation der bisherigen Aufgaben bedeutet.

Der Priester steht im Dienst am Volk Gottes. Und wenn dieses Volk Gottes eine andere Gestalt gewinnt, dann wird auch der Dienst des Priesters eine andere Gestalt bekommen. Das ist eine Schlüsselfrage in der Weltkirche und damit eine

Schlüsselfrage der Priesterfortbildung und natürlich auch der Priesterausbildung. Wie kann ich befördern, das ist die große Frage der Priesterausbilder, dass dieses Bild von Kirche in jungen Brüdern Realität wird? Da gibt es verschiedene Möglichkeiten. Das eine ist: Wie geschieht dann eine Seminarausbildung? Und das zweite: Welche Bilder und Erfahrungen stelle ich zur Verfügung, damit Menschen diesen neuen Horizont für sich entdecken können?

Heißt das dann, Sie schicken Priester in Pfarreien, wo lokale Kirchenentwicklungsprozesse stattfinden? Oder werden die auf die Philippinen geschickt?
Ich schicke Priesteramtskanditaten auch in jene Pfarreien unseres Bistums, wo ich denke, dass sie lokale Kirchenentwicklung ansatzhaft erfahren und lernen können. Natürlich ermutige ich sie auch, weltkirchliche Erfahrungen zu machen, damit der Horizont geweitet wird.

Einerseits hat der Priester bei der lokalen Kirchenentwicklung eine zentrale Funktion, andererseits soll er den Laien viel Raum geben. Was ist die neue Rolle, die vielleicht die Spannung dieser beiden Anforderungen auflöst?
Priester sind – so würde man das weltkirchlich ausdrücken – Ermöglicher dieser Prozesse. Sie geben Begleitung und Unterstützung, aber sie sind nicht die Haupthandelnden. Sondern wir sehen Kirche von der begabten Gemeinschaft der Getauften her. Ja, und von der begabten Gemeinschaft derer her, die zu dieser Kirche gehören wollen, selbst wenn sie noch nicht getauft sind. Das ist die eine Seite: die Ermöglichung dieser Prozesse, die Befähigung zu diesen Prozessen. Dazu gehört natürlich auch die sakramentale Dimension, die Verkündigung des Wortes und die Feier der Eucharistie als Nahrung, damit die Menschen aus dieser Kraft heraus leben können.

Ermöglicher – entscheiden dann die Laien im Letzten, was in der Pfarrei gemacht wird?
Wichtig ist, die Kirche als Gemeinschaft aller zu entdecken, als Volk Gottes. Die Gemeinschaft als Ganzes lernt Wege gemeinsam zu entdecken, lernt herauszufinden, was der Weg Gottes hier am Ort ist. Dazu gehören die Priester, die Hauptberuflichen und alle, die an diesem Prozess beteiligt sind. Das sind Prozesse geistlicher Unterscheidung.

Und die geschehen dann im Pfarrgemeinderat?
Die Strukturen, die es für diese Entscheidungsfindungen gibt, sind zum Teil schon da. Ich denke, ein Pfarrgemeinderat und auch ein Kirchenvorstand hätten die Aufgabe, sich darauf einzulassen, Orte geistlicher Unterscheidung zu sein und zu lernen, dass es nicht darum geht, irgendetwas weiter zu verwalten, sondern zu entdecken, was sich auf dem Weg zeigt. Ich würde aber sagen, es braucht auch andere Instrumente für diese Unterscheidungsprozesse. Die Leute vor Ort, an einem bestimmten Ort, in einer Gemeinde, in einem Beratungssetting, in einem Kindergarten, sind natürlich an dieser Entscheidungsfindung zu beteiligen. Und ich glaube, insgesamt braucht es so etwas wie synodale Prozesse in den Gemeinden. Je mehr Menschen teilhaben können an einem Weg, den eine Gemeinschaft von Gläubigen geht, desto glaubwürdiger wird das Ganze.

Sie hatten vorhin schon gesagt, lokale Kirchenentwicklung heißt Kirche und bewusst nicht Gemeinde. Wo kommen da Caritas, soziale Angebote, kirchliche Gruppen vor?
Genau deswegen ist die Gemeinde nicht der Fokus: Kirche ist ja mehr. Sie artikuliert sich in vielfacher Weise, Karitas ist Kirche. „Wir sind ein starkes Stück Kirche", formuliert die Caritas als Werbung auf ihren Dienstwagen. Ich sehe Kindergärten, die wirklich echte Formen von Kirche sind. Ich sehe

die Schullandschaft, die an vielen Stellen Ansätze dieses Kircheseins zeigt – für Jugendliche auf jeden Fall, für Lehrerinnen und Lehrer wahrscheinlich auch an vielen Stellen. Viele andere Institutionen, die wir haben, haben die Potenzialität, sich als Kirche immer mehr zu entwickeln. Eine Familienbildungsstätte, ein Verband, eine Bewegung, Ordensgemeinschaften ohnehin – also alle diese verschiedenen und auch nicht aufeinander zurückführbaren Gestalten existieren in jenem Raum der Pfarrei und bilden jeweils für die vielen Menschen, die ja sehr unterschiedlich sind, auch unterschiedliche Zugangswege zum Evangelium ab.

Sie hatten angedeutet: Auch Ordensgemeinschaften gehören zur lokalen Kirchenentwicklung. Was könnte deren Rolle dabei sein?
Die Aufgabe der Ordensgemeinschaften ist für mich seit jeher die, prophetisch zu sein, neue Wege zu suchen. Diese „mixed economy" als das Nebeneinander von traditioneller, alter Gemeinschaft und neuen, aufbrechenden kleinen und jüngeren Gemeinschaften wird in Orden schon gelebt: Da gibt es ältere Schwestern mit einer bestimmten Prägung und Einbindung in ihre Werke oder Pfarreien – und die dürfen so leben. Und es gibt junge Schwestern mit anderen Charismen – und die dürfen sich anders weiterentwickeln, leben oft in kleineren, flexibleren Gemeinschaften. Und vor Ort bringen die Gemeinschaften ihr eigenes Charisma ein – als geistlicher Ort, zum Beispiel durch ihre Jugendarbeit, oder auch mit den unterschiedlichen Berufen und der Vernetzung, die sie mitbringen.

Wer spielt neben den Katholiken bei der lokalen Kirchenentwicklung eine Rolle? Wie wichtig ist die politische oder soziale Gemeinschaft, die man um die Kirche herum hat?
Die sind sehr wichtig: Der Lebensraum, der Sozialraum ist entscheidend für diese Kirchenentwicklung. Denn lokale Kir-

chenentwicklung bekommt ihre Impulse einerseits durch den Geist Gottes, aber zugleich auch von den Herausforderungen und Entwicklungen in der Gesellschaft, in der sie lebt: Hier lernen wir, neu Kirche zu sein und das Evangelium zu verkünden.

Gelingt es und wenn ja, wie gelingt es lokaler Kirchenentwicklung denn, damit neue Leute anzusprechen? Oder sind es doch eher die Schon-Engagierten?
Ich erzähle gerne die Erfahrung aus dem Osnabrücker Land, die ich spannend finde. Da hat ein Verband gesagt: „Hier in unserem Ort ist eins der Hauptprobleme, dass Hauptschüler keinen Ausbildungsplatz kriegen. Wir wollen unseren Dienst so verstehen, dass alle Hauptschüler einen Ausbildungsplatz bekommen. Was müssen wir dafür tun? Wir müssen die ganzen Arbeitgeber ansprechen, wir müssen ein Netzwerk von Sozialarbeitern schaffen und, und, und." Das haben sie gemacht. Dadurch ist Folgendes passiert: Der Verband blieb nicht der einzige Akteur, es waren viele mit dabei, die vorher nie daran gedacht hätten, mit diesem Verband zusammenzuarbeiten. Aber das Ziel, das sie hatten, dieser Dienst, den sie tun wollten, der war für sie alle attraktiv. Das hat unter anderem auch etwas mit der Senkung der Kriminalitätsrate zu tun. Und nach einiger Zeit passierte es dann, dass die Leute sagten: „Was ist das eigentlich für ein Verband? Das ist ja interessant, was ihr da macht. Was macht ihr denn noch so?" Verstehen Sie, der erste Schritt ist sehr uneigennützig. Wir wollen einen gemeinsamen Dienst in dieser Situation tun, die wir als wichtig erkannt haben, und beziehen viele Menschen mit ein, auch Menschen, die bisher gar nicht im Blick waren. Der nachfolgende Schritt könnte sein, dass Leute sagen: „Das interessiert mich und ich möchte da tiefer reinschauen, was ihr macht." Ich glaube, die Sendungsorientierung, das konkrete Wirken für die Menschen und mit den Menschen an

den Orten, wo wir leben, führt dazu, dass wir viele Menschen neu kennen lernen, die vorher gar nicht im Blick waren. Und mit diesen Menschen gemeinsam dann auf dem Weg zu sein, das führt wiederum dazu, dass man andere kennen lernt und neue Gaben und Talente entdeckt.

Wenn also Kirche nicht mehr fragt: „Wollt ihr sonntags in den Gottesdienst kommen?“, sondern wenn sie fragt: „Habt ihr Interesse, in dem Projekt Migranten mit uns zusammenzuarbeiten?“, dann kommen die Leute?
Ich finde die Frage schwierig. Nein, ich würde nicht fragen: „Habt ihr Interesse, in einem Projekt mit Migranten zu arbeiten?“, sondern ich würde sagen: „Wir haben das entdeckt als eine wichtige Aufgabe hier an diesem Ort und wir wollen das mit euch gemeinsam tun.“ Wir wollen unsere ganzen Beziehungsnetze stärken im Dienst an dieser Sache. Die Frage nach den Gottesdiensten ist eine Frage, die sich dann stellt, wenn Menschen sagen: „Ich spüre bei euch etwas, was mich anzieht, lasst doch mal hören, was ihr sonst so macht.“ Das ist das Zeugnis, das wir dabei ablegen, das gnadenhaft wirken kann, aber nicht muss. Wir können ja schlecht beeinflussen, wie die Gnade bei einem Menschen wirkt. Wir können höchstens alles dafür tun, dass diese Gnade wirkt.

Ist lokale Kirchenentwicklung nicht trotzdem eine zusätzliche Arbeit für bislang schon Engagierte und besteht da nicht die Gefahr, dass es irgendwann zu einer Überlastung führt? Bisher klingt es so, als wäre lokale Kirchenentwicklung ein Mehr an Arbeit.
Das klingt nur dann so, wenn ich lokale Kirchenentwicklung zunächst mit Projekten und Aktivität verknüpfe. Aber lokale Kirchenentwicklung ist, wie gesagt, zunächst eine andere Art des Wahrnehmens der Situation und eine andere Visionsbildung. Möglicherweise ist die Frage nach dem Überlastungssyndrom von Ehrenamtlichen ein Ausdruck dafür, dass diese Eh-

renamtlichen und vielleicht auch die Pfarrer einer Vision von Kirche nacheilen, die gar nicht mehr existent ist, und das überfordert natürlich extrem. Das heißt, ich tue immer mehr, weil ich denke, ich müsste etwas aufrechterhalten. Wenn ich hingegen sage: „Es geht gar nicht darum, dass wir viel tun, wir müssen erst mal hinschauen und wahrnehmen und sehen." Aus dieser Perspektive kann ich das, was wir tun und was wir mit Leidenschaft und Gaben tun, kreativ neu konfigurieren. Wenn das alles mit Leidenschaft geschieht, ist das etwas anderes, als wenn ich denke, ich müsste es tun, um etwas zu erhalten. Ich halte die Rede von der Überlastung der Ehrenamtlichen für ein wenig schwierig. Dass sich Menschen überlasten, hängt doch sehr stark von ihnen selbst ab. Ich bin doch ein Freiwilliger. Ich tue das, was ich tun will, und wenn ich weiß, wohin ich will, kann ich mich auch ganz viel engagieren. Wenn ich einfach nur irgendwas tun soll, und ich weiß gar nicht warum, wird alles sehr schnell zur Überlastung.

Wie gelingt der Gemeinde dieses neue Engagement? Wie schaffen die Beteiligten das auch kräftemäßig?
Ich glaube, wenn eine Gemeinschaft von Gläubigen entdeckt, wofür sie da ist, ergeben sich von selbst Optionen und damit Prioritäten und auch Dinge, die wir nicht mehr tun.

Ist also lokale Kirchenentwicklung auch die Freiheit, Dinge nicht mehr zu machen?
Ja, wenn ich das entdecke, wenn wir das gemeinsam entdecken, dass für bestimmte Sachen gar keine Leidenschaft mehr vorhanden ist, wieso sollte man sie tun? Natürlich ist klar, dass wir ein größeres Problem bekommen, wenn wir sagen: „Erstkommunion ist nicht mehr unser Anliegen." Weil wir dann darauf verzichten zu sagen, wir möchten, dass Menschen genau so was erleben wie wir. Das kann ich mir schlecht vorstellen. Aber wenn in einem Bereich eine Krise aufkommt, dann ist das der beste

Moment darüber nachzudenken, warum wir etwas tun und wer da bisher alles involviert war. Denn häufig kommt dabei auch heraus, dass nur einige wenige alles tun und den andern gar nicht zutrauen, dass die das auch könnten. Dadurch entstehen Überlastungen merkwürdiger Art. Die einen sagen: „Wir sind total überlastet", und die andern, die draußen stehen, sagen: „Die trauen uns ja eh nix zu."

d) konkrete Schritte vor Ort

Im Dienst an den Menschen unserer Zeit

Beschreiben Sie konkret, wie so ein Prozess der lokalen Kirchenent-
wicklung stattfinden kann. Wie wird er initiiert?
Ich glaube, in erster Linie tragen der Pfarrer einer Pfarrei und
sein Team Mitverantwortung oder Hauptverantwortung für den
Beginn eines solchen Prozesses. Es braucht eine Vision, eine Perspektive: „Wir wollen Kirche in den nächsten Jahren so gestalten, dass sie aus einer sakramentalen Kraft heraus die Fähigkei-
ten, die Möglichkeiten, die Charismen und Gaben aller
Getauften ins Leben bringt." Aber es reicht eben nicht aus, dass
ein Pfarrer und sein Team so etwas denken. Einer der Grund-
vollzüge oder der Grundhaltungen eines solchen Prozesses lokaler Kirchenentwicklung ist immer die Frage: Wie können
möglichst viele der Getauften, der Menschen, die Interesse haben, die sich der Kirche in irgendeiner Weise zugehörig fühlen,
an einem solchen Prozess teilhaben? Wenn das die innere Logik ist – Partizipation und möglichst große Partizipation –,
dann ist ja klar, dass auch die Räte, die gewählten Räte eine wichtige Bedeutung haben. Mit denen ins Gespräch zu kommen und
sie zu gewinnen für einen Prozess, der Kirche gestaltet, ist ein
zweiter Schritt.

Die erste Station: Pfarrer und Hauptamtliche, die zweite Station
der Gemeinderat – was ist dann der dritte Schritt, damit es einen
gemeinsamen Kickoff für die Gemeinde gibt?
Da gibt es verschiedene Instrumente, die wir ja zurzeit schon
ausprobieren. Ein Instrument, das in den letzten Jahren häu-
figer zur Bewusstseinsbildung verwendet wird, sind zum Beispiel Dekanatstage oder Zukunftstage, die wir schon in mehreren Dekanaten veranstaltet haben. Das geschieht unter
Mithilfe von Gemeindeberatern und kompetenten Personen
aus der Pastoralabteilung. Es ist sicher *ein* wichtiger Akzent,
Menschen darauf aufmerksam zu machen: „Wir wollen wirklich in die Zukunft gehen, wir wollen uns nicht nur mit Strukturfragen beschäftigen, sondern mit der Frage: Wie kann

Kirche heute in der Welt ihren Dienst, ihre Sendung wahrnehmen?" Neben den Dekanatstagen gibt es noch andere Möglichkeiten. Ich weiß von Pfarreien, die Zukunftstage machen, die kleine Prozesse in Gang bringen. Hilfreich ist, dass in dieser ersten Phase sich eine Gruppe von Begeisterten bildet, die diese Perspektive und Vision zu teilen beginnt. Mit ihnen zusammen – und das wäre ein weiterer Schritt – sollten die Hauptberuflichen weitergehen und sagen: „Lass uns noch einmal etwas tiefer einsteigen in die visionäre Perspektive pastoraler Entwicklung." Wir haben hier im Bistum einen Kirchenkurs entwickelt, der genau dazu dient. Der Kurs ist nicht in dem Sinne eine Fortbildung im klassischen Sinne, wo man irgendwelche Methoden und Werkzeuge lernt, sondern er ist ein Ort, an dem man eine neue Sichtweise für diese Kirchenentwicklungen bekommt und so etwas wie einen inneren Geschmack für das, was Kirchenentwicklung heißt. Der nächste Schritt würde dann heißen, dass man vor Ort schaut: Wo sind wir eigentlich, wo stehen wir, an welcher Stelle sind wir angekommen? Das sind dann die Ausgangspunkte, um weiter zu fragen und um auch konkrete Projekte und Prozesse vor Ort durchzuführen.

Wie läuft denn so ein Prozess der lokalen Kirchenentwicklung erfahrungsgemäß weiter ab? Was kommt nach der Vision?
Genau, das ist eine wichtige Frage: Und dann? Dann kann man damit starten, dass man an jedem Ort, an dem man ist, und in jeder Aktivität, an der man beteiligt ist, sich fragen: Was ist der nächste Schritt, um dieses oder jenes Feld zu entwickeln? Das kann ein Gesamtvisionsprozess für eine Pfarrei sein, das kann sich aber auch sehr ortsgebunden abspielen. Da gibt es noch kein bewährtes Procedere. Es gibt viele Erfahrungen, die immer Stärken und Schwächen haben. Wichtiger bei lokaler Kirchenentwicklung ist nicht, *was* genau man macht, sondern die Kultur, die da drinsteckt. Also:

Fördert das, was ich tue, das gemeinsame Priestertum aller Gläubigen? Bringt es alle Gaben und Charismen ins Spiel? Stärkt es die Taufwürde? Lebt es aus einer spirituellen Kraft? Führt es dazu, dass wir die Verschiedenheit als Reichtum entdecken? Ist Partizipation ein wichtiges Wort, können also möglichst viele Menschen an diesen Prozessen teilnehmen? Und dann kann man etwa sagen: Ich mache nicht eine zentrale Kommunionvorbereitung, sondern eine eher dezentrale in den Quartieren, da wo die Kinder leben. Ich lasse die Eltern erheblich mehr partizipieren, und zwar so, wie sie können, nicht wie ich will, dass sie es tun. Daraus ergibt sich mit der Zeit ein Erfahrungsschatz, den wir stärker systematisieren können. Aber diese Grundwerte, diese Grundhaltung erlauben es, jeden Ort, an dem schon etwas ist, weiterzuentwickeln. Das finde ich das Tolle an lokaler Kirchenentwicklung, dass sie nicht sagt: Was ihr bisher gemacht habt, das war alles irgendwie Käse und ist veraltet, und wir machen jetzt was Neues. Sondern wir können an jedem Ort, an dem wir sind, mit den Menschen, die da sind, mit den Herausforderungen, die da sind, einen nächsten Schritt wagen.

Gibt's dann so eine Art Bestandsaufnahme, eine Checkliste zu Beginn? Was ist die Wirklichkeit? Was müsste da Ihrer Meinung nach abgefragt werden?
Ganz unterschiedliche Dinge müssten abgefragt werden, je nachdem, wen man fragt. Das eine ist, dass man möglichst viele der Katholiken, die dort leben, und auch die evangelischen Schwestern und Brüder fragt: „Was geschieht hier eigentlich? Wie erlebt ihr das? Was wünscht ihr euch für, von der Kirche oder was als Kirche hier geschehen könnte?" Man kann aber auch alle möglichen Instanzen der kommunalen Verwaltungen fragen: „Was erlebt ihr hier? Wie könnte Kirche hier dienen?" Wir haben alle Ideen zu dem Thema, die sollten wir zusammentragen und fragen: „Was bedeutet das

für uns, wenn wir jetzt hier Kirche sein wollen und uns als Kirche entwickeln wollen?"

Ist lokale Kirchenentwicklung damit immer im Fluss oder ist sie auch mal zu Ende?
Sie ist immer im Fluss. Weil Kirche sich immer wieder erneuert und die Menschen, mit denen wir zusammen sind, immer neue Menschen sind und die Gesellschaft, in der wir leben, sich ändert. Am Ort entwickelt sich Kirche. Und sie wird sich je anders, je neu entwickeln, und jede Generation wird in neuer Weise entdecken, was das Evangelium heute bedeutet und wie es sich gestaltet.

Kann man dann trotzdem irgendwann sagen, lokale Kirchenentwicklung war bei uns erfolgreich? Und wenn ja, woran würde man das festmachen?
Ich denke, lokale Kirchenentwicklung kann man dann als Erfolg werten, wenn der Mentalitätswandel eintritt, von dem ich gesprochen habe: wenn sich eine Kultur des Kircheseins, die vom gemeinsamen Priestertum der Getauften, vom Priestertum des Dienstes her in neuer Weise denkt und handelt, zeigt. Wenn das Evangelium mehr Mitte unseres Lebens wird und wenn wir den Reichtum unterschiedlicher Gestalten und Orte entdecken und erkennen können.

Das ist jetzt alles ein bisschen schwer messbar. Gibt es objektive, sichtbare Kriterien?
Objektive, sichtbare Kriterien im Sinne von Zahlen kann ich Ihnen nicht nennen. Andere objektive, sichtbare Kriterien wären jedoch Aussagen wie: „Wir sind hier gerne Kirche! Wir sind mit Leidenschaft dabei, hier am Ort Kirche zu entfalten und zu entwickeln. Wir legen Zeugnis von unserem Glauben ab. Wir leben aus der Kraft der Eucharistie und des Wortes Gottes und sind mit vielen Menschen zusammen auf dem

Weg, die an sehr unterschiedlichen Stellen ihres Lebensweges anfangen das Evangelium zu entdecken."

Wird dann in vier oder fünf Jahren noch mal alles angeschaut? Oder sagt die Gemeinde: „Jetzt können wir die nächsten 20 Jahre so weitermachen"?

Wenn die lokale Kirchenentwicklung zu ganz konkreten Aufgaben führt, etwa „Wir haben ganz viele Migranten. Was möchten wir eigentlich, dass sich für diese Migranten bei der Erstkommunion ereignet?", dann lässt sich am Ende nachprüfen und evaluieren: Was ist passiert? Was haben wir erfahren? Dann kann die Gemeinde am Schluss sagen: „Es ist gelungen, was wir wollten", oder: „Es ist nicht gelungen, warum nicht?" Das heißt, es ist ein Entwicklungsprozess, kein beliebiges Testen. Zu einem Prozess gehört, dass ich mich vergewissere: „Was hat sich ereignet und wie gehen wir auf diesem Weg weiter?"

Wie wird das überprüft?

Da brauchen wir Instrumente. Wenn wir vorher beschreiben können, was sich da ereignen soll, können wir nachher auch beschreiben, ob sich das als sinnvoll, stimmig und richtig erwiesen hat. Was sind die Stärken und was sind die Grenzen unseres Weges, den wir gegangen sind? Insofern entwickelt der Prozess sich weiter. Ich glaube, zu lokaler Kirchenentwicklung gehört in dem Sinne auch eine Kultur der Evaluation, eine Kultur des immer wieder Innehaltens, Anschauens und Wahrnehmens. Die sollte auf der Pfarreiebene oder auf der Ebene, auf der das geschieht, angesiedelt sein, also lokal; aber – zum Beispiel im Kontext einer Erstkommunionvorbereitung – warum nicht auch auf der Ebene eines Bistums? Denn wir haben auch ein Interesse daran zu verstehen, was sich im Zusammenhang mit sich verändernden Rahmendaten für die Erstkommunion zeigt. Es wäre auch eine Aufgabe der Verwaltung der Pastoral, einen

Überblick darüber zu bekommen, was geschieht und unter welchen Prämissen etwas stattfindet. Die Frage zu stellen: „Wie können wir gute Erfahrungen so ins Spielfeld bringen, dass alle daran Anteil haben können? Wie können wir auch evaluieren, was geschieht? Das wäre eine Aufgabe, die man auf Bistumsebene hätte.

Hat Evaluieren dann nicht den Beigeschmack von Leistungsdruck? Wir haben nicht so viel geschafft, wie wir gedacht haben?
Nur, wenn das in den Köpfen der Leute ist. Wir könnten sagen: Wir sind gemeinsam in einer Suchbewegung als Lerngemeinschaft unterwegs." Es ist ja nicht schlimm, wenn man was lernt. Lernen heißt auch wahrnehmen, was nicht geht, und weitere Wachstumsfelder suchen. Ich werde nicht gemessen und beurteilt und dann fällt jemand durch, sondern es geht um die Frage: Wie können wir gemeinsam auf dem Weg des Wachstums sein?

Ist dann lokale Kirchenentwicklung nur möglich in Bistümern, die diese Ressourcen – Gemeindeberatung, Supervision – schon haben? Und ist sie nur möglich in Pfarreien, die solche Ressourcen oder Möglichkeiten auch nutzen?
Ich glaube, das ist ein Kulturthema. Wir haben ja in allen Diözesen solche Organisationsentwicklungsinstrumente, und auch in unserem Bistum haben wir eine starke Präsenz. Das Kulturthema bedeutet für mich lediglich, dass wir, obwohl wir wahrscheinlich viele Dinge tun und durchaus auch vor Ort evaluieren, häufig nicht so klar sehen: Bewegen wir uns in eine Richtung? Haben wir ein gemeinsames Ziel? Das ist zu stärken. Es geht also weniger darum zu sagen: Das haben wir noch nicht, sondern darum, die Mittel, die wir haben, gut einzusetzen.

e) Charismen und Kommunikation

Taufwürde entwickeln

Begriffe, die im Rahmen der lokalen Kirchenentwicklung von zen-
traler Rolle sind, sind Taufe, Charismen und Berufung. Warum
sind die Begriffe so wichtig und an welcher Stelle des Prozesses wer-
den sie sichtbar?

Berufung – ich fange mal mit diesem Begriff an – ist ein zentraler Begriff christlichen Lebens und in den letzten Jahren
deutlich wichtiger geworden, weil Christsein und Christwerden keine Selbstverständlichkeiten mehr sind. Der theologische Begriff der Berufung sagt: Ein Mensch bewegt sich auf
seinem Lebensweg im Hören auf das, was für ihn richtig sein
soll. Und in dem Maß, in dem er hört auf das, was ihm zuge-
eignet sein soll, entwickelt sich etwas. Es ist also nicht so, dass
Kirche eine Gemeinschaft von Leuten ist, die einfach mal
schlechthin zusammen sind, sondern wir sprechen von einer
Gemeinschaft von Berufenen. Und jeder möchte heute gerne
wissen, wozu er da ist. Das ist sozusagen die Rückseite dieses
Berufungsverständnisses: Ich möchte gern wissen, wozu mein
Leben nützlich ist. Das krieg ich häufig nicht selbst heraus,
sondern ich muss hinhören, hinhören auf die leisen Stimmen
in mir und ihnen folgen. Wir sagen theologisch: An der Stelle
ist Gott im Spiel, der mich anrührt, der mit mir Wege geht.
Deswegen ist Berufung ein zentraler Begriff, weil wir ja Kirche *nicht* verstehen als ‚Institution‘, die man dann besucht
oder auf die man sich als Kunde oder so bezieht, sondern Berufung beschreibt ein Kirchenverständnis, das sagt: Da ist jemand, der ruft, und die Menschen bewegen sich in diesem
Ruf aufeinander zu und bilden Kirche.

Taufe ist ein zweiter Begriff. Wir waren vielleicht in den vergangenen Jahrzehnten daran gewöhnt, Kirche vor allem als einen
institutionellen, amtlichen Zusammenhang zu verstehen. Und
eine Pfarrei waren dann der Pfarrer, die Hauptberuflichen und
einige, die mittun. Wenn wir die Taufe in den Mittelpunkt rücken und somit das gemeinsame Priestertum aller Getauften
und die Rolle eines jeden Einzelnen in diesem Kirchesein, dann

sagen wir: Kirche hat eine Dimension dazubekommen. Natürlich ist sie institutionelle Dimension, unverzichtbar und wichtig, aber das ist das innere Skelett, der innere Haltegrund für das, was jeder Mensch und jede Gemeinschaft aus der Kraft ihrer Taufe heraus lebt. Kirchesein heißt aus der Taufe heraus leben, aus dem Bewusstsein, etwas geben zu können, aus dem Bewusstsein, Liebe geben zu können, aus der Kraft zu handeln, die mir durch den Heiligen Geist geschenkt ist in der Taufe. Das zu entfalten wird eine der Hauptaufgaben lokaler Kirchenentwicklung sein. Christen, die sich engagieren, tun das heute schon aus einer spirituellen Motivation heraus und sehen es auch als Weg ihres Glaubens. Und vor diesem Hintergrund will lokale Kirchenentwicklung stärken und fördern, dass Menschen immer tiefer erfahren, wer sie in ihrem Glauben sind und wie sie in ihrem Glauben wachsen können. Es war auch weltkirchlich gesehen eine der wichtigsten Handlungsoptionen von Ortskirchen, zu sagen: Wir stützen diese Taufwirklichkeit, die in den Menschen drinsteckt, als dynamische Wirklichkeit, indem wir Menschen in ihren Glaubensbildungsprozessen begleiten.

Charisma ist der Ausdruck dieser Taufwürde. Wir sagen, wir sind ein Leib, wir sind eine Gemeinschaft von Gläubigen, in der jede und jeder seine unverzichtbare Gabe hat. Und ein Leben gelingt in dem Maß, indem jeder entdecken kann, wie er seine Gabe ins Spiel bringen kann. Das heißt also, wir schauen auf eine Kirche, die nicht sagt: „Du bist jetzt mal so da, jetzt nehmen wir dich für eine bestimmte Aufgabe, weil sonst keiner da ist." Sondern wir fragen sehr persönlich nach: „Was ist denn deine Gabe? Wo spürst du deine Energie, deine Leidenschaft zum Handeln?" Das tun wir miteinander in einer Gemeinschaft von Gläubigen und fragen: „Wie können wir die Gaben entdecken, die jeder Einzelne hat, und wie können wir dadurch auch entdecken, wie Kirche sich entwickelt?" Aufgrund dieser Gaben kriegt jede Gemeinschaft von Gläubigen ja auch ihr ganz persönliches, ganz spezifisches Gesicht.

*Heißt das, die Chance und die Freiheit der lokalen Kirchenent-
wicklung ist: Es kommt auf den Einzelnen an und jeder Einzelne kann mit dem, was er hat, die Kirche verändern oder gestalten, stärker als bislang, wo eher von der Versorgung her
gedacht wird?*
Genau. Der spannende Punkt ist, wenn man einen Wandel
beschreiben würde, würde man von einer aufgabenorientier-
ten zu einer gabenorientierten Gemeinschaft übergehen. Das
heißt, jede und jeder Einzelne gestaltet Kirche mit der Gabe,
die er hat, mit der Gabe, für die er am meisten Leidenschaft
hat. Das verändert auch die ganze Kirche, da bin ich mir sicher.

*Bei dem Kongress Kirche² schien auch ein Aufbruch in die Welt der
Social Media stattzufinden, ein Aufbruch in die virtuellen Welten,
wie man es vorher nicht kannte. Gehört das auch zur lokalen Kirchenentwicklung: Kein Kommunikationskanal ist vor uns als Kirche mehr sicher?*
Genau das gehört dazu, kein Kommunikationskanal ist vor
uns sicher – alles muss daraufhin befragt werden, ob es nützt,
so eine Entwicklung voranzubringen. Bei Kirche² war das ein
ganz klarer charismenorientierter Prozess: Wir hatten und
haben eine Mitarbeiterin, die genau diese Dimension einge-
bracht und uns überzeugt hat, diese auch zu nutzen. Auch die
Kontakte mit der Medienabteilung unseres Bistums waren da
unglaublich nützlich.

Lokale Kirchenentwicklung ist ein kommunikationsinten-
siver Prozess. Deshalb müssen wir uns immer fragen, für welche Gruppe von Menschen wir gerade unterwegs sind und welche Art von Kommunikation ihnen zu eigen ist. Es gibt keinen
Kommunikationskanal, der besser oder schlechter ist, es geht
immer um Beziehung und Ermöglichung von Austausch. Beim
Kongress ist mir klar geworden, dass die Weiten und Möglichkeiten dieser kommunikativen Welten im Bereich von Twit-

ter und Youtube unglaublich hilfreich dabei sein können, miteinander auf dem Weg zu sein. Letztlich aber gibt es keine großen Unterschiede zwischen den Medien, denn es geht immer um die Frage von Beziehung und Austausch von meinungsbildenden Prozessen. Wir haben vor Kurzem eine Youtube-Konferenz gemacht zu Evangelii gaudium und damit versucht, ein neues Format zu initiieren – ob das gelungen war oder nicht, sei erst mal dahingestellt. Dabei ist mir aufgegangen: Gerade für eine lokale Kirchenentwicklung könnte es interessant sein, diese Medien zu nutzen, weil ich dezentral vor Ort bleiben kann und doch verknüpft bin. Das ist eigentlich eine Grundfrage, die wir zurzeit in unserer Kirche haben: Wenn wir Lokalität befördern, heißt das nicht Beziehungslosigkeit zum Ganzen. Zu einem größeren Leib zu werden, das geschieht gerade auch durch neue Medien.

Das heißt, die Situation der Vernetzung bei gleichzeitiger Dezentralität setzt noch mal einen anderen Einsatz von Medien voraus?
Sie bringt diesen Einsatz auch hervor. In der lokalen Kirchenentwicklung sagen wir den Leuten ja nicht: „Passt mal auf, ihr habt da eure kleine Kirche in der Pampa, macht, was ihr wollt, es ist uns egal", sondern es geht um ein vertieftes In-Beziehung-Stehen und alle Mittel, die man dazu nutzen kann – und gerade heutzutage hat man diese Mittel – dürfen, können und müssen dafür zum Einsatz kommen. Allerdings nur, wenn die Menschen die Möglichkeiten nutzen wollen und damit umgehen können. Unter den älteren Leuten etwa sind manche, die sich nicht so gut auskennen mit neuen Medien und sich nicht so leichttun. Für andere Generationen ist es selbstverständlich. Man muss sich ja immer einlassen auf die Wirklichkeit und versuchen, ein Maximum an Beziehung, an Begleitung, an gemeinsamer Meinungsbildung in Gang zu bringen.

Was ist denn mit denjenigen, denen so eine Kommunikation zu anstrengend ist? Also etwa mit dem Mitarbeiter einer Bank, der den ganzen Tag in Besprechungen war und sich vielleicht gerne am Gemeindeleben beteiligen würde, aber abends nicht noch Lust auf weitere drei Stunden Besprechungen hat. Wie kann der eingebunden werden?

Wer Leidenschaft für etwas hat, der wird auch entsprechend danach suchen, eingebunden zu sein. Also wird es sehr unterschiedliche Zugänge geben – und unterschiedliche Formen der Zugehörigkeit. Es sind eben unterschiedliche Berufungen und Gaben. Menschen, die sich engagieren und die die Zeit, die sie haben, geben wollen, haben das Recht zu wissen, wohin das Ganze geht. Die wollen wissen: „Was ist mein Beitrag für das Ganze?" Ich möchte den Sinn erfahren, der in dem Ganzen steckt. Lokale Kirchenentwicklung und ihre Vision möchte diese Sinnorientierung geben, damit die, die handeln, es zielgerichtet tun können.

f) Höhen und Tiefen

Gemeinsame Verantwortung

Gibt es Kontexte, in denen die lokale Kirchenentwicklung nicht funktioniert? Kann ein Pfarrer, der heute eine Kirche geschlossen hat, morgen verkünden: „Wir machen lokale Kirchenentwicklung!"? Gibt es Gemeinden, vielleicht sehr veraltete Gemeinden, denen Sie von so einem Prozess abraten würden?

Ich würde keiner Gemeinde von so einem Prozess abraten. Ich würde mich immer fragen, wie wir Kirche entwickeln können, selbst wenn eine Kirche zu schließen wäre. In dem Fall ist mit den Menschen zusammen zu entdecken, wie für sie Kirche weiterhin existiert. Ich erzähle Ihnen eine kleine Erfahrung aus England von drei Frauen, die im Grunde genommen in einer Gemeinde übrig geblieben waren. Die Damen haben die Kirche noch benutzt, bis die anglikanische Kirche gesagt hat: „Wir können das Gebäude nicht länger heizen oder instand halten, aber wir laden euch ein, weiter zu beten und weiter in diesem Ort Kirche zu sein." Das haben die Frauen aufgenommen und haben angefangen, miteinander zu beten und zu sagen: „Ja, wir sind auch für dieses Dorf da, für unsere kleine Siedlung, in der wir leben." Sie haben dann sogar angefangen, sozial zu handeln, indem sie sich sagten und zu sagen: „Wir sehen hier Alleinerziehende, wir fragen, ob wir denen helfen können." Kirche hat an jedem Punkt, an dem wir stehen, die Gelegenheit, sich als lokale Kirchenentwicklung zu zeigen, weil es eben nicht ein spezielles Tun ist, sondern es sind spezielle Grundhaltungen, die man innerlich erwirbt und mit denen man umgeht. Wichtig ist auch, dass lokale Kirchenentwicklung eine Vision in sich trägt, die weniger an Institutionen, Gebäude, Häuser und Personen, also an hauptamtliche Personen, gebunden ist als vielmehr an die Frage: „Wie viel Energie, wie viel Leidenschaft, wie viele Gaben, wie viele Möglichkeiten sehen wir hier als Volk Gottes am Ort?" Das setzt natürlich voraus, dass ein Pfarrer und sein Team, also die, die das verantworten, selber diese Perspektive haben, sonst wird das nicht gehen.

Gibt es andere Kontexte, in denen lokale Kirchenentwicklung nicht funktioniert?

Ich glaube nicht. Ich glaube nicht, dass es etwa eine spezielle günstige oder ungünstige Situation gibt, um damit anzufangen. Man braucht eine Vision, man braucht ein Bewusstsein für die mögliche Entwicklung von Kirche, so wie wir sie in unserem Bistum beschrieben haben, und dann braucht man Methoden und Handwerkszeug, um mit Menschen über ihre Wünsche und Sehnsüchte ins Gespräch zu kommen, über ihren Glauben, über die Frage, wie sie sich Kirche und Gemeinschaft in Zukunft vorstellen können.

Gibt es typische Schwierigkeiten im Rahmen eines Prozesses lokaler Kirchenentwicklung?

Die typische Schwierigkeit ist der Prozess selbst! Wir sind daran gewöhnt, Pastoral nicht so langfristig zu sehen. Wir haben ein pastorales Programm in der Pfarrei, das jedes Jahr neu entsteht. Wir haben einen Rhythmus des Lebens, der uns durch das Kirchenjahr gegeben ist und der auch sehr wertvoll ist. Aber die eigentliche Frage wäre: „Sehen wir das im Rahmen eines längeren Weges, in dem sich etwas entwickeln soll? Also was ist das über den Tag hinausgehende Ziel unseres Handelns?" Und dann kann man die einzelnen Schritte einordnen, die man tut. Ich glaube, es wäre eine Illusion zu glauben, dass man lokale Kirchenentwicklung in ein, zwei Jahren durchziehen kann. Das ist ein längerer Prozess, weil er viele Menschen mitnehmen will, weil es bei vielen um Mentalitätswandlungen geht und natürlich auch seine Mühen und Herausforderungen hat. Ich kann nicht erzwingen, dass jemand sein Bewusstsein ändert, sondern es geht um einen langsamen Prozess des Wachsens. Wenn ich mir weltkirchliche Prozesse in der Richtung anschaue, komme ich auf zehn bis fünfzehn Jahre.

Wer gewährleistet so einen Prozess über fünfzehn Jahre?

Ich glaube, in unserem Bistum ist der Anfang deswegen so gelungen, weil wir gesagt haben: „Wir als Bistum gehen diesen Weg." Das heißt natürlich mehrerlei: Auf der einen Seite machen wir Menschen in unseren Pfarreien vertraut mit diesen Gedanken. Da sind wir erst am Anfang. Auf der anderen Seite betrifft das vor allem die, die in einer Sendung stehen, also Pfarrer, Hauptberufliche, Mitarbeiter und Mitarbeiterinnen in der Pastoral. Diese ganzen Teams zu gewinnen, das garantiert die Kontinuität des Unternehmens.

Gibt es andere typische Schwierigkeiten, die Sie beobachten? Wo sind schwierige Anstiege, die man bewältigen muss?

Die große Herausforderung ist es, wie gesagt, dass diejenigen, die im Bistum Verantwortung tragen, gemeinsam innerlich zu fassen bekommen, worum es geht, nämlich um einen Bekehrungsprozess auch im Blick auf das Verstehen von Kirche, einer Kirche, die sich dann doch deutlich am Zweiten Vatikanischen Konzil orientiert. Dann kommt ein zweiter Punkt hinzu, das wird eine der größeren Fragen und Herausforderungen sein: Was passiert eigentlich, wenn eine Gemeinschaft von Gläubigen, eine Pfarrei, eine Gemeinde, sich zusammen mit ihren Pfarrer und dessen Team auf so einen Weg macht, und dieses Team wird dann ausgetauscht? Da brauchen wir noch Prozesse der Synchronisierung. Den Übergang von der einen Leitung zur nächsten zu gestalten, ist eine Aufgabe des Bistums. Dazu muss man dann wirklich eine gute Bestandsaufnahme machen: Wo stehen wir in diesem Prozess, was ist hier gewachsen, wie kann es weiterwachsen? Und wie können diejenigen, die kommen, dem Wachsen dieses Prozesses dienen? Man fängt nie bei null an, aber gerade bei den Prozessen lokaler Kirchenentwicklung wird das gemeinsame Priestertum der Getauften sehr stark entwickelt und deswegen braucht es Leute, die zu dieser Entwicklung stehen, wenn sie neu dazukommen, und nicht einfach das sterben lassen oder nicht berücksichtigen, was schon gewachsen ist.

Sie sprachen von zehn bis fünfzehn Jahren. Wann ist der Prozess zu Ende?

Im Unterschied zu Projekten, die einen starken Anfang und ein starkes Ende haben, sind Prozesse – vor allem dann, wenn sie mentalitätsverändernd sind – nichts, was irgendwann mal endet, sondern sie entsprechen im Grunde genommen unserem Kirchenverständnis. Unser Kirchenverständnis sagt im Letzten, dass wir immer auf dem Weg sind, Volk Gottes auf dem Weg, und uns damit immer wieder übersteigen von einer Wirklichkeit in die nächste. Nehmen wir mal an, wir würden in einer Pfarrei so einen visionären Prozess angehen. Dann würde sich immer wieder neu die Frage stellen: Wo sind wir jetzt? Wie gehen wir weiter? Wir kommen also nicht irgendwann mal an und dann sind wir fertig, sondern wir sind und bleiben auf dem Weg. Papst Franziskus hat gesagt, dass er eine Kirche in einem ständigen Aufbruch haben möchte. Ein ständiger Aufbruch ist eine Sache, die nicht endet.

5. Kapitel:
Lokale Kirchenentwicklung –
eine Hoffnung?

Kirche entwickeln

Herr Dr. Hennecke, ist lokale Kirchenentwicklung denn wirklich optimistisch? Oder hebt da einer den Zeigefinger und sagt: „Pfarrer, Gemeinden, wenn ihr Leute begeistert, dann kommen sie, ansonsten sterbt ihr aus!"? Wäre es nicht ehrlicher zu sagen: Viele werden verloren gehen und manche werden wir begleiten?

Nein, das sehe ich gar nicht so. Ich glaube zum einen nicht, dass lokale Kirchenentwicklung optimistisch ist. Optimismus lebt ja davon, dass man die Faktenlage nicht kennt. Ich glaube, lokale Kirchenentwicklung lebt von einer tiefen Hoffnung und den Verheißungen des Evangeliums. Von Evangelii gaudium, von Papst Franziskus habe ich gelernt: Es geht um die Freude, die aus einer Begegnung mit Jesus Christus wächst, jenem Christus, der unter uns lebt. Es macht keinen Sinn, über Zahlen zu reden, über zu viel oder zu wenig. Schließlich haben wir nach wie vor Kategorien, die sich an bestimmten Bildern von Kirche messen. Ich hingegen sage, diese Kategorien stimmen alle nicht mehr, also die Rede von den treuen Kirchenfernen, von den mehr oder weniger Engagierten. Stattdessen gehen wir als Kirche mit vielen Menschen einen Weg des Glaubens. Und wir, die Verantwortung in der Kirche tragen, sollen, müssen und dürfen diese Menschen auf dem Weg begleiten. Ob das kleine Gemeinschaften von Menschen oder große Massen sein werden, weiß ich nicht. Ich kann mir nur vorstellen, dass es sich sehr unterschiedlich entwickeln wird und dass es davon abhängen wird, wie wir die Menschen mit dem Evangelium vertraut machen und wie wir sie für Christus begeistern. Da, wo so ein Kern von Menschen da ist, die für Christus begeistert sind, wird es auch andere geben, mit denen sie gemeinsam Kirche gestalten.

Muss dann Kirche nicht parallel zu dieser Aufbruchsbewegung so eine Art institutionalisierte Sterbebegleitung für die Gemeinden, die aussterben, einleiten?

Sterbebegleitung geschieht ja schon die ganze Zeit. Dass an einigen Orten etwas stirbt, ist ein normaler Prozess. Werden und

Vergehen und – umgekehrt – Vergehen und Werden gehören wesentlich zu unserem christlichen Glauben dazu. Wir haben nicht die Garantie, dass an jedem Ort, wo wir mal waren, immer auch in Zukunft Christen sein werden. Wohl haben wir die Garantie, dass etwas Neues aufbricht, wenn Menschen Christus begegnen. Christliches Leben hat sich sehr vervielfältigt in den letzten Jahren. Wenn ich nur ein Kriterium anschaue – nämlich die Frage: Engagieren sie sich in einer Gemeinde? –, greife ich erheblich zu kurz. Wie viele Menschen aus ihrem Glauben heraus handeln und leben und wie diese Menschen in Zukunft Gemeinschaft bilden, das ist eine Frage, die genau anzuschauen ist, und zwar jenseits der Kategorien „Du bist drin, du bist draußen, du bist richtig, du bist falsch", sondern eher mit der Frage „Wo stehst du? Wie gehst du? Wie können wir dich begleiten?".

Was geben Sie demjenigen mit auf den Weg, der sich jetzt überlegt, er könnte so was in seiner Pfarrei machen, sei es hauptamtlich, als Pfarrer oder ehrenamtlich?
Verbündete sammeln, sich mit dem Bistum vernetzen, selber Erfahrungen angucken und sich davon beseelen lassen.

Letzte Frage: Warum glauben Sie ganz persönlich, dass die lokale Kirchenentwicklung die Kirche verändern wird und vor allen Dingen verändern soll?
In den letzten zehn Jahren, in denen ich mich mit diesem Thema beschäftigt habe, nicht immer unter dem Begriff, aber unter der Wirklichkeit, ist mir eins aufgefallen: Es gibt eine ungeheure Ähnlichkeit von Entwicklungen auf der ganzen Welt. Und dieses Zusammentönen an unterschiedlichsten Orten spiegelt eine unter Christen ähnliche Sprache. Es spricht die Sprache der Beziehungsorientierung, der Lokalität, der Vernetzung, es spricht die Sprache einer Kirche, die sehr stark aus ihrer Identität mit dem Evangelium lebt und sich gleichzeitig ganz einlässt auf die

Wirklichkeit dieser Welt. Ob ich das in den Basisgemeinden Lateinamerikas gesehen habe, ob in Afrika und Asien mit den small christian communities, in England oder in Frankreich – es hatte immer ganz ähnliche Kulturzüge. Und weil ich das erlebt habe, und weil ich es auch so kraftvoll erlebt habe, macht mir dieser Prozess, den wir hier begonnen haben, unglaublich viel Hoffnung.

Lokale Kirchenentwicklung in Bildern

Seit den 80er Jahren des vergangenen Jahrhunderts versuchten Oswald Hirmer und Fritz Lobinger – beide bayerische *fidei-donum*-Priester in Südafrika und später Bischöfe – als Mitarbeiter des südafrikanischen Pastoralinstituts Lumko nach den Zielvorgaben des Pastoralplans der südafrikanischen Bischofskonferenz Werkzeuge und Methoden zu entwickeln, wie die Perspektive einer partizipativen Kirche verstanden und umgesetzt werden könnte. Dabei ging es ihnen nicht um theologische Wissensvermittlung, sondern darum, wie Christen vor Ort ein inneres Verstehen dafür entwickeln können, wie sich Kirche konkret ereignen könnte an den Orten, wo sie leben. Hinter diesem Versuch stand das neue Verstehen der Kirche, wie es das Zweite Vatikanische Konzil eröffnete. Es ging um eine Kirchenentwicklung im konkreten Nahbereich der Beziehungen, eine „Kirche in der Nachbarschaft".

Lobinger und Hirmer gelang es, in Form von auf den ersten Blick sehr einfach erscheinenden Bildern diese Entwicklung deutlich zu machen. Hinter diesen Bildern steht aber eine ausgefeilte Ekklesiologie im Werden. Das Lumko-Institut nannte diese Serie von fünf Bildern „stages of church growth" – „Entwicklungsschritte des Wachstums der Kirche". Sie haben sich über den Globus verbreitet und dienen heute überall da, wo es um die Perspektive einer partizipativen Kirche geht, als „Grundarchitektur" für bewusstseinsbildende Prozesse: Sie sind ein Spiegel für eine not-wendige Entwicklung im Blick auf eine Kirche der Partizipation. Auch wenn wir in Deutschland diese Bilder schon kennen gelernt hatten – der fokussierten Entwicklungsperspektive dieser Bilder, die wir vor allem durch die Theologinnen und Theologen des philippinischen Pastoralinstituts Bukal ng Tipan in Manila kennen gelernt haben, verdanken wir entscheidende Einsichten für die lokale Kirchenentwicklung.

Die Bilder halten Entwicklungsschritte fest, die zu einem grundlegenden Paradigmenwechsel führen. Am Ende steht die

Vision einer Kirche, in der gemeinsames Priestertum aller Getauften und das Priestertum des Dienstes in ihrem Miteinander
zu einer sakramental gegründeten Kirchengestalt finden. Zu fragen ist, welcher Entwicklungsweg dahin zu gehen wäre – und
welche Zielorientierungen ein solcher Weg hat.

Auf die Bilder kommt es an

Aber warum sind Bilder so wichtig? Und warum lohnt es sich,
sich der eigenen Bilder bewusst zu werden? Lokale Kirchenentwicklung ist ja verknüpft mit einer Mentalitätswandlung, einer
Umkehr im Denken. Und das betrifft vor allem die eigenen Kir-
chenbilder. Denn es wird immer deutlicher, dass alle Schlüssel-
begriffe lokaler Kirchenentwicklung je anders verstanden werden können je nach den zu Grunde liegenden Kirchenbildern
und dem damit verknüpften jeweiligen Grundverstehen des Kircheseins.

1. Die VersorgerKirche

Im Fokus: der Priester, alternativ auch pastorale Mitarbeiter, Pfarrgemeinderäte.

Grundperspektive: Es gibt eine klare Mitte um den Altar, die Aufgaben und Funktionen sind transparent und klar auf den Priester / die zentrale Person hingeordnet. Die „Versorgung" wächst und entsteht aus der Beziehung mit dieser zentralen Person; die Person ist verantwortlich fürsorgend für das Pfarreileben.

Herausforderung: Die intensive Versorgung überfordert die zentralen Verantwortungsträger, vor allem dann, wenn die Zahl der Gemeinden wächst. Die Versorgung wird als „bezahlter Anspruch" gesehen. Partizipation und Teilhabe anderer Engagierter sind nur untergeordnet und ohne eigene Verantwortung möglich.

Jede Kirchenentwicklung beginnt von diesem Ausgangspunkt aus: Beziehung und Versorgung. Das Ziel muss aber sein, dass aus der Versorgung mehr Beteiligung wächst.

Frage: Wie können Fürsorge und Beziehung dauerhaft gewährleistet werden?

2. Die Kirche der Helfer

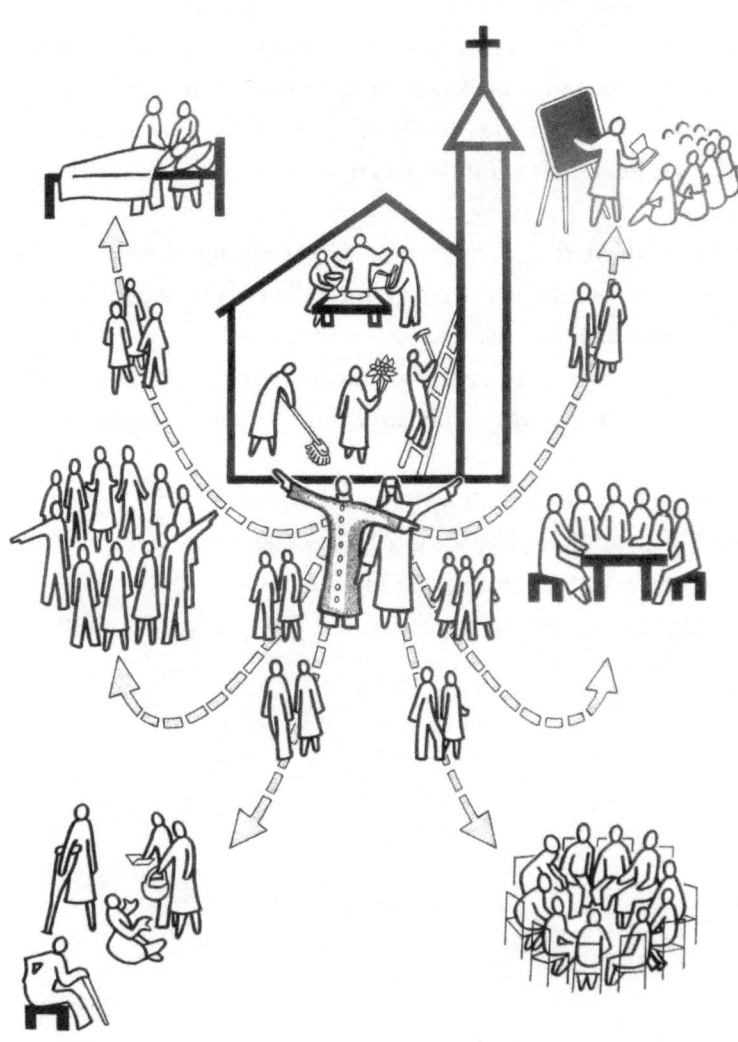

Im Fokus: viele Helfende in einer Kirche, die sich gesendet weiß.

Grundperspektive: Es gibt eine aktive Gemeinde mit vielen Helfenden, Mitsorgenden. Das Engagement der Helfer ist vielfältig. Es bilden sich mehrere Gruppen. Verantwortung und Aufgaben werden durch das Team des Priesters und der Hauptamtlichen delegiert.

Herausforderung: Die Beteiligung ist nach wie vor abhängig vom zentralen Leitungsteam im Mittelpunkt. Die Ehrenamtlichen unterstützen die Leitenden in den vielen Aufgaben oder zentral definierten Versorgungsbedarfen. Wie selbständig können die Helfenden werden?

Das Engagement der vielen als Helferinnen und Helfer zielt auf einen weiterführenden Schritt. Denn dort, wo Menschen sich so intensiv engagieren, werden sie anfangen, zu fragen: Was ist Ziel dieses Engagements? Warum tue ich das? Bin und bleibe ich HelferIn?

Im Fokus: Das Bild wird dominiert von den vielen Fragen aller Beteiligten. Das Gesamtgefüge scheint sich aufgesplittert zu haben. Viele Fragen stehen im Raum. Auch die Rolle des Priesters ist im Wandel.

Grundperspektive: Das eigene Tun wird hinterfragt, die Leitenden werden angefragt. Es beginnt ein Nachdenken zu den wichtigen Fragen: Was bedeutet Kirche? Warum sich engagieren? Die Beteiligten erkennen im Fragen ihre eigene Verantwortung. Die Fragen zeigen an: Hier entwickelt sich Kirche weiter!

Herausforderungen: Es entsteht viel Unsicherheit. Die „Warum"-Fragen scheinen erst mal alle funktionierenden Lösungen und Rollenverteilungen grundsätzlich anzuzweifeln, Gruppen isolieren sich durch einzelne Meinungen. Dies ist quälend für alle Beteiligten, kann zu Dauerstress und einer Dauerkrise führen.

Frage: Was ist die eigentliche Motivation, die Quelle für das Tun des Einzelnen und der Gemeinschaft?

4. Die Kirche als Gemeinschaft der Dienenden

Im Fokus: Auch wenn die Dienste und Aktivitäten genau dieselben wie im zweiten Bild sind, hat sich grundsätzlich etwas verändert. Die Gestalt des Auferstandenen ist Grundlage und Basis für jedes Tun. Das Handeln der Menschen wächst aus ihrer Christusbeziehung und aus der Gemeinschaft in Christus. Taufwürde und Charismen bilden Kirche von innen her neu.

Grundperspektive: Der Dienst an den Menschen geschieht aus einer persönlichen und geistlichen Motivation. Die Beziehungen innerhalb der Kirche sind auf Augenhöhe und gegenseitig. Erfahrungen werden ausgetauscht, fließen zusammen. Das Handeln ist so vernetzt und dialogisch. Jedes Tun an jedem Ort erscheint gleichwertig. Kirche erscheint als ein Leib mit vielen Gliedern, jede und jeder trägt zum Werden der Kirche bei.

Herausforderung: Auch wenn dieser Entwicklungsschritt einmündet in ein neues Bild der Kirche, so wird schnell deutlich, dass weiterhin nur ein kleiner Teil der Getauften – die Gemeinde in ihrem Kern – diesen Weg gegangen ist. Viele Christen bleiben in einer zentral organisierten Kirche unbeteiligt.

Frage: Woraufhin will diese Kirche weiterwachsen?

5. Sich lokal entwickelnde Kirche

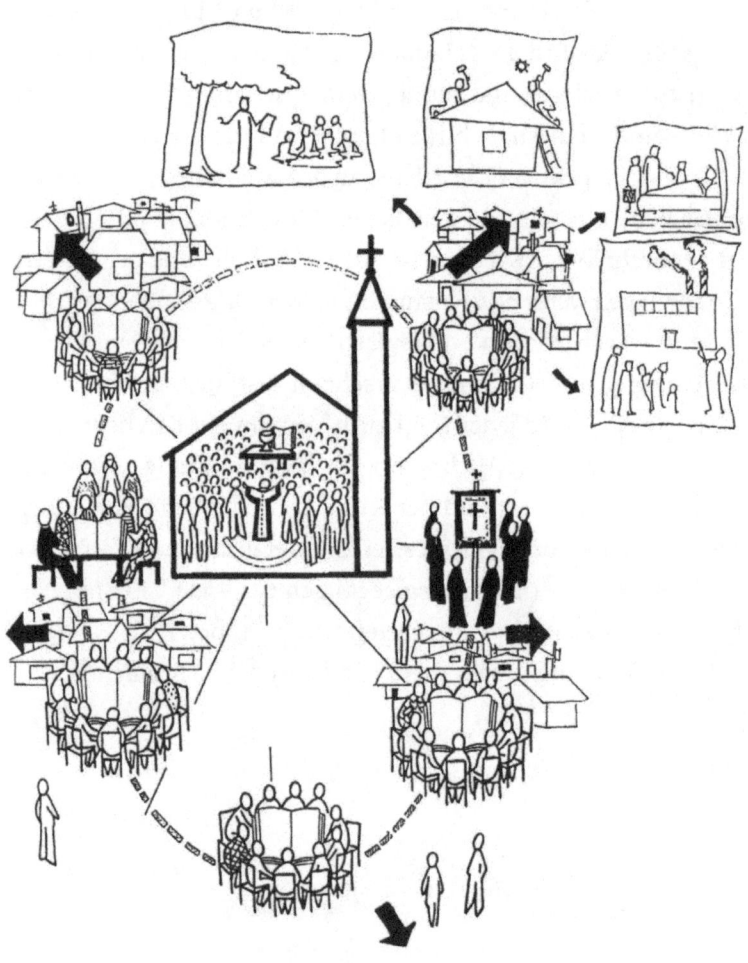

Im Fokus: Hier erscheint Kirche als Gemeinschaft von Gemeinschaften. Die unterschiedlichen lokalen Gemeinschaften und Gemeinden sind untereinander vernetzt und haben ihre Mitte in der gemeinsamen Feier der Eucharistie.

Grundperspektive: Kirche zeigt sich sowohl als Ganzes wie auch jeweils sehr unterschiedlich vor Ort. Die örtlichen Gemeinschaften und Gemeinden wachsen aufgrund von Taufe und Charisma und genährt durch das Wort Gottes. Sie entdecken ihre Sendung in ihrem Lebensumfeld und beziehen viele Menschen mit ein.

Herausforderungen: Die Vielfalt der Gemeinden und ihre wachsende Selbständigkeit fordert ein Neuverständnis des sakramentalen Leitungsdienstes. Der sakramentale Dienst an der Einheit ist neu zu verstehen. Begleitung und Weiterbildung sind für diese lokale Kirchenentwicklung zentral. Wachsende Vielfalt braucht eine gemeinsame Verständigung über die gemeinsame Perspektive. Geistliche Unterscheidungsprozesse wollen eingeübt werden.

Weitere Informationen

Links

Lokale Kirchenentwicklung im Bistum Hildesheim
www.bistum-hildesheim.de/bho/dcms/sites/bistum/gesell-
schaft/lokale_kirchenentwicklung/index.html

Link zu dem Film „Aufbrüche in der Kirche"
www.aufbrueche-in-der-kirche.de

Seite der Veranstaltungsreihe „Inspiration-Charisma-Evangelium"
www.ice.bistum-hildesheim.de

Seite der nationalen Initiative zur lokalen Kirchenentwicklung
www.kcg-net.de

Seite des Kongresses Kirche²
www.kirchehochzwei.de

Seite der Bewegung Kirche²
www.mixedeconomy.de

Informationen über die anglikanischen Kursmaterialien der „Fresh Expressions"-Bewegung
www.missionshapedministry.org

Seite des Netzwerkes „Fresh Expressions of church"
www.freshexpressions.de

Englische Seite des Netzwerkes „Fresh Expressions of church"
www.freshexpressions.org.uk

Blog von Christian Hennecke zu Fragen der lokalen Kirchenent-wicklung
christian-hennecke.blog.de

Quellen

- Bilder zu den Kapitelüberschriften: aus der Bildreihe „Projekt Lokale Kirchenentwicklung", Bernward Medien, gestaltet von Martin Hunger
- Bilder „Lokale Kirchenentwicklung in Bildern": Lumko-Institut Johannesburg, Südafrika / Bukal ng Tipan Manila, Philippinen

Noch mehr lokale Kirchenentwicklung:

Christian Hennecke (Hrsg.)
Kleine Christliche Gemeinschaften verstehen
Ein Weg, Kirche mit den Menschen zu sein
287 Seiten, Broschur. ISBN 978-3-429-03144-2

Christian Hennecke / Mechthild Samson-Ohlendorf
Die Rückkehr der Verantwortung
Kleine Christliche Gemeinschaften als Kirche der Nähe
156 Seiten, Broschur. ISBN 978-3-429-03381-1
Und als eBook
ISBN 978-3-429-03382-8 / € 10,99 (PDF)
ISBN 978-3-429-06004-6 / € 10,99 (ePub)

Christian Hennecke / Philipp Ehlhaus (Hrsg.)
Gottes Sehnsucht in der Stadt
Auf der Suche nach Gemeinden für morgen
288 Seiten, Broschur. ISBN 978-3-429-03440-5
Und als eBook
ISBN 978-3-429-04618-7 / € 12,99 (PDF)
ISBN 978-3-429-06016-9 / € 12,99 (ePub)

Christian Hennecke (Hrsg.)
Kirche geht
Die Dynamik lokaler Kirchenentwicklung
271 Seiten, Broschur. ISBN 978-3-429-03590-7
Und als eBook
ISBN 978-3-429-04694-1 / € 12,99 (D) (PDF)
ISBN 978-3-429-06093-0 / € 12,99 (D) (ePub)

Philipp Ehlhaus / Dagmar Stoltmann-Lukas / Dirk Stelter /
Christian Hennecke (Hrsg.)
Kirche²
Eine ökumenische Vision
491 Seiten, Broschur. ISBN 978-3-429-03548-8
Und als eBook
ISBN 978-3-429-04708-5 / € 16,99 (PDF)
ISBN 978-3-429-06122-7 / € 16,99 (ePub)

www.echter.de